本书为“2016年西南政法大学科研资助项目(E-7102-16-00004-0112)，农民专业合作社发展创新机制研究”、西南政法大学2019年度统战科研项目“新时代促进民营经济发展研究”(2019XZTZ-05)”研究成果。

Land Use Change and Land Right Protection in the Process of Urbanization

城镇化中的土地利用和土地权益保护

· 杨浩然 著

厦门大学出版社 国家一级出版社
XIAMEN UNIVERSITY PRESS 全国百佳图书出版单位

图书在版编目(CIP)数据

城镇化中的土地利用和土地权益保护/杨浩然著.—厦门:厦门大学出版社,2020.10

ISBN 978-7-5615-7877-3

Ⅰ.①城…　Ⅱ.①杨…　Ⅲ.①城市化—影响—农村—土地—权益保护—研究—中国②城市化—影响—农业用地—土地利用—研究—中国　Ⅳ.①F321.1

中国版本图书馆 CIP 数据核字(2020)第 158937 号

出 版 人　郑文礼
责任编辑　潘　瑛
封面设计　李嘉彬
技术编辑　朱　楷

出版发行　厦门大学出版社
社　　址　厦门市软件园二期望海路 39 号
邮政编码　361008
总　　机　0592-2181111　0592-2181406(传真)
营销中心　0592-2184458　0592-2181365
网　　址　http://www.xmupress.com
邮　　箱　xmup@xmupress.com
印　　刷　广东虎彩云印刷有限公司

开本　720 mm×1 000 mm　1/16
印张　12.25
插页　1
字数　214 千字
版次　2020 年 10 月第 1 版
印次　2020 年 10 月第 1 次印刷
定价　58.00 元

本书如有印装质量问题请直接寄承印厂调换

厦门大学出版社
微信二维码

厦门大学出版社
微博二维码

前　言

土地，是人类生存之本，是自然、经济的综合体。土地的区域性、生产性、有限性、多用性、资产性等属性造就了人与土地、人与人之间的复杂关系。本书尝试对这种复杂关系进行探索与解读，并对如何处理好这种复杂的关系给出自己的思考。

很多学者从土地生产力研究土地持续利用，从制度变迁探讨土地经济发展蓝图，推进了社会经济发展。而本书则追踪经济发展方式的转变，从微观角度探索土地利用结构，研究秀美乡村；从土地利用这个宏观角度探索土地管理制度，探讨其发展前景，力图为土地制度创新提供参考。

本书集合了作者关于土地方面的研究成果(未公开发表)。这些研究成果主要取材于四川、重庆农村的实地调查，能真实反映土地制度变迁所引起的变化及问题。这些成果中有的已被相关部门采用，并收到了一定的成效，且对于新时期经济转型发展仍然有一定的参考意义，故现将其公开出版。

全书分四篇，共 24 章。第一篇，农村城镇化研究(共 3 章)，主要阐述制度力与市场力对城镇化的作用，构建城镇化率预测模型；山区城镇化与山区基础设施建设的难度，寻求山区农村城镇化的路径。第二篇，重庆市退耕还林后续发展研究(共5章)，主要阐述退耕还林取得的成果及其引起的农村产业结构变化，退耕还林后续发展存在的问题及影响因素，并寻找解决问题的对策。第三篇，农村土地流转研究(共10章)，主要阐述农村土地流转所引起的土地经营方式和土地权益的改变，构建土地流转价格模型，寻找规范农村土地流转的措施。第四篇，农民土地权益保护研究(共6章)，主要阐述城乡统筹发展与农民土地权益及其影响因素，寻找保护农民土地权益的措施。

城镇化、退耕还林、土地流转和土地权益看似四个主题，但这四方面都是围绕着土地利用结构与土地制度改革来展开研究的——农村城镇化涉及土地利用结构调整与土地制度支撑；退耕还林改变了土地利用结构；伴随农村土地流转的土地权益转移改变了土地利用结构和土地权益结构等。所以，将这四方面的研究有机结合在一起，如农村城镇化拓展了退耕还林后续发展渠道，农村土地流转支持了城镇化发展；退耕还林调整土地利用结构，要求调整土地权益结构，而土地流转是调整土地权益结构的有效措施；农村土地有序流转要求保护农民的土地权益。这种内在联系能够突出主题——土地利用结构与土地制度改革。

本书通过解读制度变迁所引起的变化，寻找制度实行中的问题与对策，力求“绣”出真实的人地关系和真实的人与人之间的土地权益关系，力求“绘”出城乡协调发展的美丽蓝图，为转变经济增长方式提供参考。但由于作者水平所限，书中难免存在不足之处，期望读者批评指正！

目　录

第一篇

农村城镇化研究

中国长期存在城乡“二元”经济结构，所以城乡发展有较大的差距。优先发展城市，使得城市的基础设施、生产条件、生活条件等都优于农村，城镇居民的生活水平也高于农村居民的生活水平。农村居民力图跳出“农门”，跨入城镇，但由于城镇容量有限，所以政府设置了“门槛”限制农村居民转为市民。改革开放后，城镇数量增多，规模扩大，城镇容纳能力迅速扩张，政府对农村居民转市民的“门槛”随之降低，农村人口大量迁移入住城镇，城镇化率逐年增长。农村人口减少，农村人均资源增加，农村居民的收入水平有所提高。但是，这还不足以使农村人口的物质文化生活水平赶上城镇人口的物质文化生活水平，即城乡差距仍未消除。缩小城乡差距的途径有两条：一是使农村居民富裕起来；二是实施惠农政策，缩小工农剪刀差。要发挥这两方面的作用，就要统筹城乡发展，让城市经济带动农村经济，让农村分享改革开放的成果，实现农村城镇化。城镇化率的高低，不能代表农村城镇化水平的高低。不消除城乡差别，就难以实现农村城镇化。农村城镇化是全面建设小康社会的目标之一。只有加快农村发展，才能巩固农业在国民经济中的基础地位；只有加快农村发展，才能消除工农差别、城乡差别，实现农村城镇化。如何发挥政府的制度力与市场经济的市场力，推进农村人口城镇化，如何加快农村发展，缩小城乡差距，推进农村城镇化，是值得研究的问题。对此，本课题研究城镇化率、山区农村城镇化、山区农村基础设施建设等，为农村城镇化提供参考。

1

城镇化率变化研究[①]

改革开放以来，我国逐渐从计划经济走向市场经济，打破了城乡壁垒，城镇化水平越来越高，1978 年至 2017 年城镇化率由 17.9%增长到 58.5%。[②] 但中国的城镇化远低于经济合作与发展组织国家（OECD）81%的水平，未来发展空间很大。[③] 潘家华和魏后凯（2010）预测，中国城镇化率 2030 年将达到 65%，2050 年将达到 75%。联合国估计的结果是，到 2050 年发达国家的城镇化率将达到 86%，中国达到 72.9%（钟秀明和吴雪萍，2006）。这些预测是建立在统计结果的基础上的，并未表明预测机理及城镇化极限。对此，本书对中国城镇化率极限及达到极限的时点进行研究。对于推动城镇化的动力，有的学者认为这种动力是经济发展（陈明星，等，2009），有的学者认为这种动力是农业发展、工业化、市场化等（李强，等，2012）。本书认为，中国推进城镇化发展有市场力，还有制度力（政策、措施等），城镇化发展的推动力是制度力与市场力的合力。市场力是城镇接纳人口的能力与人们进入城镇的能力，这两种力往往不平衡。制度力是政府适时调整推进城镇化的政策、措施等，能调节市场力的平衡，控制城镇化进程。改革开放以来，制度力表现为：提高城镇接纳人口的能力（如大力发展小城镇等）；设置“门槛”（“门槛”逐步降低），控制人们进入城镇的能力。本书根据力学原理，运用回归分析与解析几何的方法，研究

---

① 本章在研究过程中得到刘定祥教授的大力支持，在此表示感谢。

② 国家统计局.2018 年中国统计年鉴[M].北京：中国统计出版社，2018.

③ https://data.worldbank.org/indicator/sp.urb.totl.in.zs.

制度力与市场力的合力方程，推导未来城镇化率变化的轨迹方程，为城市发展与政府决策提供参考，也为同类研究提供方法论参考。

(一)改革开放40年城镇化进程

改革开放40年来，我国的城镇化进程大致可以分为三个阶段(王志峰，等，2019)：(1)以乡镇企业带动小城镇发展的阶段(1978—1994年)；(2)以招商引资和工业园区带动城镇化的发展阶段(1994—2003年)；(3)金融干预型城镇化阶段(2003年至今)。与城镇发展同步的是人口城镇化迅速发展，1978年城镇化率为17.92%，2017年城镇化率达到58.52%，40年间城镇化率平均每年提升2.76%。未来，我国将以扩大城镇规模、提高城镇质量、增强城镇功能为主推进城镇化。本书中提到的城镇化指人口城镇化，用城镇人口占总人口的比例(城镇化率)来表示。

改革开放以来，中国户籍制度从动摇城乡壁垒到放松户籍管制，再到放开户籍管制，从而推进农民进城，鼓励农民迁入城镇，即户籍制度改革引领城镇化进程。中国是艘大船，大船的掌舵人采取了积极有效的措施使这艘大船平稳地从计划经济航道转到市场经济航道，户籍制度改革也随之引领着城镇化进程不偏离这个航道。改革开放初期(1978—1984年)，知青返城、下放的干部返城，农民向城市转移的需求随之增大，由于城镇化"欠账"太多，城市不堪重负。这时我们仍实行严格的户籍管制，使城镇化随经济体制平稳转向。1984年，僵化的户籍制度开始松动——允许农民自理口粮进县城以下的集镇落户，适应了农民进厂、进城的要求。20世纪90年代，小城镇快速发展，城市劳动力需求大幅增加，而农村有大量的剩余劳动力供给，此时政府适时进行了户籍管理制度改革，允许已经在小城镇就业、居住并符合一定条件的农村人口在小城镇办理城镇常住户口。许多小城市基本放开了户籍限制，不少大中城市也放松了外地人口进入本市的限制。2000年后，实行户籍管理改革，废除城乡分隔制度，凡在县级市市区、县人民政府驻地镇及其他建制镇范围内有合法固定的住所、稳定的职业或生活来源的人员及与其共同居住生活的直系亲属，均可根据本人意愿办理城镇常住户口；已在小城镇办理的蓝印户口、地方城镇居民户口、自理口粮户口等，符合上述条件的，统一登记为城镇常住户口。有些地方甚至实行了鼓励农民到小城镇居住和创业的政策。重庆市、成都市率先试行户籍管理一元化，鼓励农民转为市民。改革开放以来的户籍制度改革对城镇化起到了杠杆调节作用，使城镇化稳步发展，城镇化率也相应地由 1978 年的 17.92% 提升到 2017 年的 58.52%（数据来自《中国统计年鉴 2018》）。因此，我们有理由认为城镇化进程中，制度力发挥了作用，而制度力源于经济发展，经济发展又源于改革开放。

制度力是一种人为的力，这种力在经济体制转型中是必需的，在完全市场经济中也不可缺。这种力希望城镇化率持续稳定上升，事实也是如此（见图 1-1）。

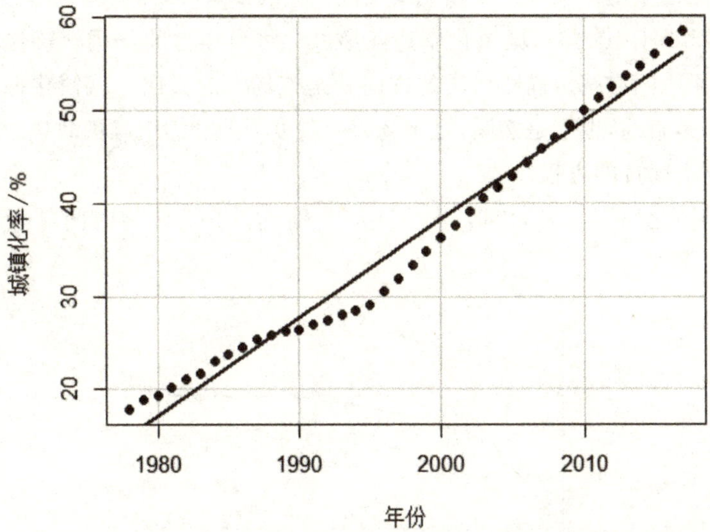

图 1-1　1978—2017 年城镇化率随时间变化的趋势及线性拟合曲线

从图 1-1 看出，城镇化率大约分布在一条直线上，所以选择直线 $y=kx+b$ 模拟回归方程。设时间为 x，城镇化率为 y，时间以 1977 年为 0 点，$x\in[1,30]$（下同。在下面的研究中，笔者采用 1978—2007 年的数据拟合城镇化率的变化趋势，然后用 2008 年及以后的城镇化率数据检验模型的预测能力）。

利用最小二乘法模拟回归方程为：

$$y=\underset{(0.0278)}{0.8998}x+\underset{(0.6533)}{15.7768} \tag{1-1}$$

其中，括号内数字表示各系数的标准差。由回归结果可见，各系数显著，回归方程对数据的拟合较好，模型的 R^2 达到 0.9744（调整的 R^2 为 0.9737）。式(1-1)表明，改革开放 40 年来城镇化率每年以 0.8998 个百分点递增。式(1-1)较好地反映了改革开放 40 年来城镇化率变化的规律，那么是否可以用这个规律进行趋势外推呢？不可以。原因是，在转轨期，制度力的作用显著，而随着市场机制的进一步完善，市场力的作用将越来越显著。所以，对未来城镇化率的预测要另辟蹊径。

(二)城镇化动力研究

制度力(这只看得见的手)力图使城镇化率直线增加；市场力(这只看不见的手)力图使城镇化率到达城镇化率极限。直线没有界，而城镇化率必定有界(这个"界"小于100%)，城镇化率边际递减。将市场力的作用轨迹修均为椭圆(有界而边际递减)，椭圆切线的方向就是市场力的方向。城镇化率运动的轨迹既不是直线，也不是椭圆，是市场力与制度力的合力引领的轨迹。下面就来讨论这个轨迹的方程。

以城镇化率为 y 轴，以时间(年)为 x 轴，以1977年为时间零点建立坐标。如图1-2。

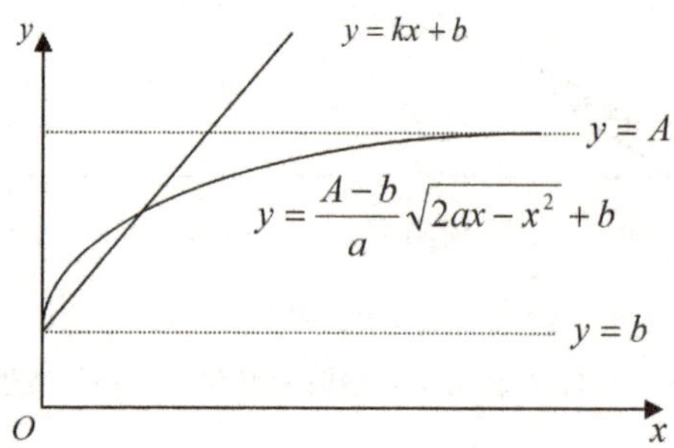

图1-2　制度、市场作用力坐标图

制度力的作用为直线，方程为：

$$y=kx+b \tag{1-2}$$

市场力的作用为椭圆。设椭圆的长半轴为 a、短半轴为 $A-b$、圆心为 (a, b)，则椭圆的方程为 $(\frac{x}{a}-1)^2+(\frac{y-b}{A-b})^2=1$，经整理得：

$$y=\frac{A-b}{a}\sqrt{2ax-x^2}+b \tag{1-3}$$

椭圆为市场的作用力，其力的方向为椭圆的切线，其力的大小和方向随时间变动而变动。设椭圆上任意一点的坐标为 (x_0, y_0)，点的切线方程可用点斜式求得。椭圆在点(x_0, y_0)的切线的斜率是椭圆在该点的导数。椭圆在点(x_0, y_0)的导数为：

$$y_0' = \frac{A-b}{a} \frac{a-x_0}{\sqrt{2ax_0-x_0^2}} \tag{1-4}$$

利用点斜式求出椭圆上点(x_0, y_0)的切线方程(见图 1-3)：

$$y = \frac{A-b}{a} \frac{a-x_0}{\sqrt{2ax_0-x_0^2}} x + \frac{(A-b)\sqrt{2ax_0-x_0^2}}{2a-x_0} + b \tag{1-5}$$

切线 DC 与 $y=A$ 线相交于 $C(\frac{a\sqrt{2ax_0-x_0^2}-ax_0}{a-x_0}, A)$点，切线 DC 与 $y=kx+b$ 相交于 $D[\frac{(A-b)ax_0}{ak\sqrt{2ax_0-x_0^2}-(A-b)(a-x_0)}, \frac{k(A-b)ax_0}{ak\sqrt{2ax_0-x_0^2}-(A-b)(a-x_0)}+b]$点。

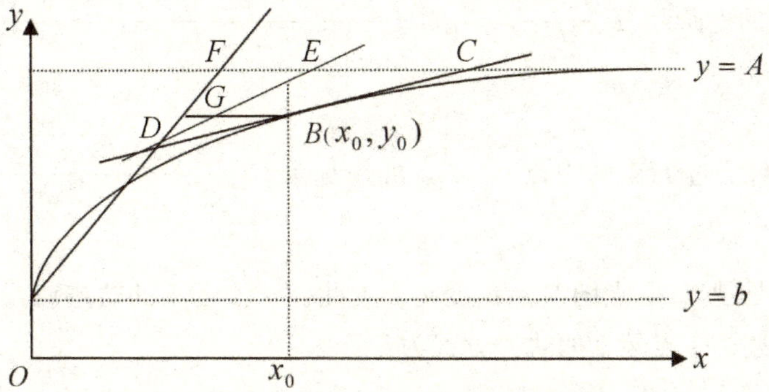

图 1-3　制度力、合力、市场力方向示意图

制度力的方程 $y=kx+b$ 与 $y=A$ 线相交与 $F(\frac{A-b}{k}, A)$点。

FC 的中点 $E[\frac{(A-b)(a-x_0)+ka(\sqrt{2ax_0-x_0^2}-x_0)}{2k(a-x_0)}, A]$。

根据力学中平行四边形法则，以 DC、DF 为分力的合力线必相交于 FC 的中点 E，所以 DE 为时间在 x_0 时刻制度力与市场力的合力线。应用两点式求出合力线 DE 的方程：

$$y = \frac{k(A-b)[2(a-x_0)x+ax_0][ak(\sqrt{2ax_0-x_0^2}-x_0)-(A-b)(a-x_0)]}{k^2a^2x_0(2a-x_0-\sqrt{2ax_0-x_0^2})-(A-b)(a-x_0)[(A-b)(a-x_0)+akx_0]} + b \tag{1-6}$$

当城镇化率达到 y_0 水平时，制度力达到 y_0 的时间是 x_H，合力达到 y_0 的时间是 x_G，市场力达到 y_0 的时间是 x_0，$x_H < x_g < x_0$（如图 1-4）。

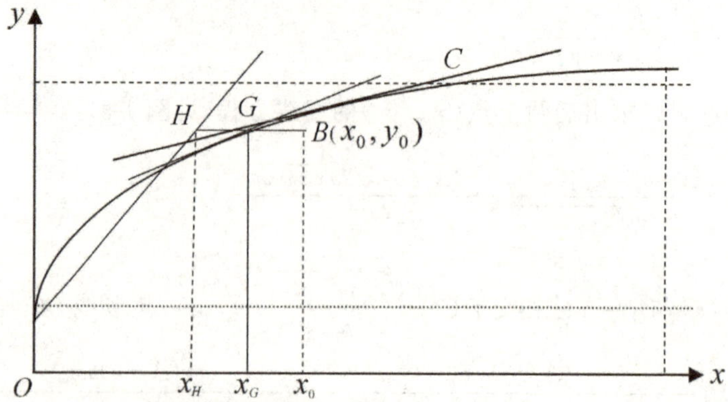

图 1-4　在同一城镇化率水平下，制度力、合力、市场力时间滞后示意图

H 点的坐标为 $H(\frac{y_0-b}{k}, y_0)$ 或 $H[\frac{(A-b)\sqrt{2ax_0-x_0^2}}{ak}, \frac{(A-b)\sqrt{2ax_0+x_0^2}}{a}+b]$。

合力线必过 HB 的中点 G，G 点的坐标为 $G[\frac{(A-b)\sqrt{2ax_0-x_0^2}+akx_0}{2ak}, y_0]$。

G 点是动点，G 点随 B 点的变化而变化。G 点运动的轨迹就是城镇化率变化的轨迹。G 点运动的轨迹方程为：

$$y=f[\frac{(A-b)\sqrt{2ax_0-x_0^2}+akx_0}{2ak}]$$

或代入(1-6)式得：

$$y=\frac{k(A-b)[(a-x)\frac{(A-b)\sqrt{2ax-x^2}+akx}{ak}+ax][ak(\sqrt{2ax-x^2}-x)-(A-b)(a-x)]}{k^2a^2x(2a-x-\sqrt{2ax-x^2})-(A-b)(a-x)[(A-b)(a-x)+akx]}+b \tag{1-7}$$

当 $x \to a$ 时，G 点趋于 $G(\frac{A-b+ka}{2k}, A)$。

(三)城镇化率变化趋势方程

以上讨论了市场力的方向为椭圆的切线方向，而椭圆的参数 a 可以根据已有的资料估计，其方法如下：

将椭圆方程整理为：$1-\sqrt{1-(\frac{y-b}{A-b})^2}=\frac{x}{a}$

令：$\frac{\partial\sum\{[1-\sqrt{1-(\frac{y-b}{A-b})^2}]-\frac{x}{a}\}^2}{\partial a}=0$ 得：$a=\frac{\sum x^2}{\sum x-\sum x\sqrt{1-(\frac{y-b}{A-b})^2}}$

由于 $x\in(1,2,\cdots,n)$，所以：

$$a=\frac{\frac{1}{6}n(n+1)(2n+1)}{\frac{1}{2}n(n+1)-\sum x\sqrt{1-(\frac{y-b}{A-b})^2}} \tag{1-8}$$

如果 $A=100$，根据 1978—2007 年($n=30$)的城镇化率数据和(1-1)式中的 b 值，可求得 $a=726.7858$。A 无论如何达不到 100，A 到底是多少呢？下面进行深入讨论。A 为城镇化率的极限，只要求得 A，(1-7)式中的参数就可以全部求出，继而建立城镇化率的趋势方程进行预测。

在合力线随切线变化的过程中，合力线上必定有一点(且仅有一点)的坐标为 $Q(x_0,A)$，如图 1-5。这一点的横坐标也是椭圆切线切点的横坐标，这一点相当于与图 1-3 中的 E 点重合，是 FC 的中点。即：

$$\frac{(A-b)(a-x_0)+ka(\sqrt{2ax_0-x_0^2}-x_0)}{2k(a-x_0)}=x_0$$

如果设 $A=100$，根据前面求得的 a 值，根据(1-1)式中的 k 值和 b 值可解得 $x_0=288.18$.将 x_0 代入椭圆方程，可求得切点处的纵坐标 $y_0=82.93410192$，取 $y_0=83$。合力的潜力使城镇化率达到 100%，而市场力的作用只能使城镇化率达到 83%。某一时刻达到的城镇化水平必须是制度力、市场力、合力相一致。所以，城镇化率的极限 $A=83$，$a=288$。以 $M(288,83)$点为顶点、以坐标点(288,15.78)为椭圆圆心的椭圆方程：

$$y=0.233\sqrt{576.36x-x^2}+15.78 \tag{1-9}$$

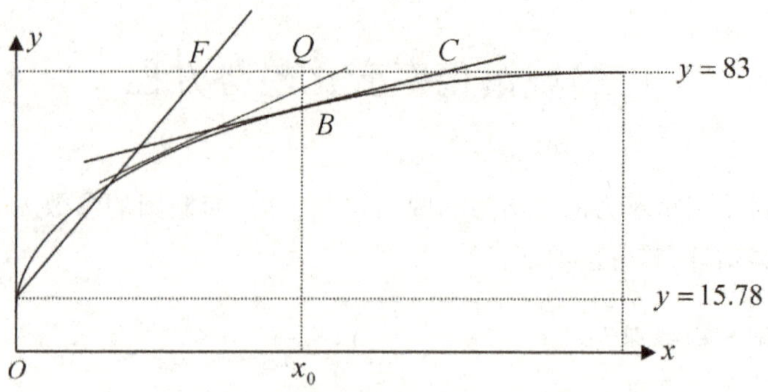

图 1-5　城镇化率到达极限的示意图

根据(1-2)式和(1-3)式解联立方程得：

$$x=\frac{2a\ (A-b)^2}{k^2a^2+(A-b)^2} \tag{1-10}$$

将以上求出的 A、a 和(1-1)式中的 k、b 带入(1-10)式得：$x\approx36$，进而求得 $y=50.06$，即椭圆与直线的交点为 $P(36,50.06)$（如图 1-6）。按此推算，2013 年中国城镇化率达到 50.06%。在 2013 年以前，市场力大于制度力，国家的政策、措施对城镇化滞后，从某种程度上控制了城镇化进程，当然，这是必要的。2013 年是城镇化快速发展的拐点[这与中国社会科学院经济研究所(2013)非常巧妙地吻合]，2013 年以后，市场力逐步减弱，制度力将推进城镇化而不是控制城镇化。

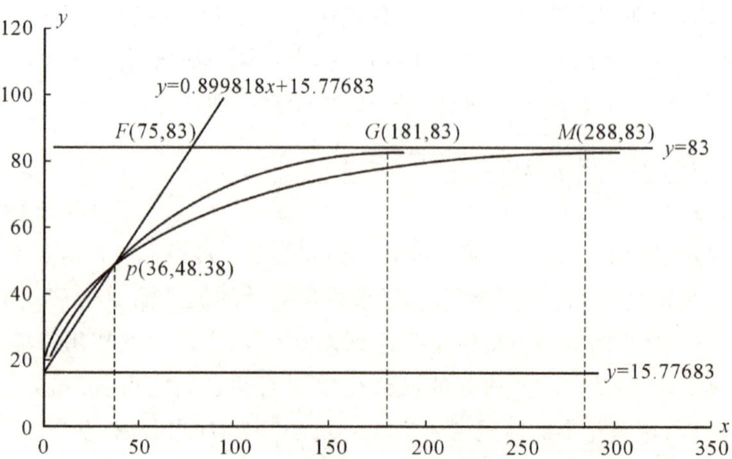

图 1-6　城镇化率轨迹示意图

根据前面的研究，城镇化率变化的轨迹就是椭圆线与直线水平距离的中点变化的轨迹(见图 1-6)。这个轨迹过 $P(36,50.06)$ 点，这个轨迹到达顶点 $G(181,83)$，这个轨迹的函数为：

$$y=f(x_G)=f(0.13\sqrt{576.36x-x^2}+0.5x) \tag{1-11}$$

根据这个轨迹运行，在 2158 年城镇化率将达到极限 83%。这个轨迹上点适合方程(1-7)，(1-7)式中，自变量选择以 1977 年为 0 点，1977 年的城镇化率是 17.55，所以(1-7)式中的 $b=17.55$。用 R 代替 $\sqrt{576.36x-x^2}$，用 W 代替 $288.18-x$，以及前面求得的参数代入(1-7)式得：

$$y=\frac{60.43[W(0.26R+x)+288.18x][259.31(R-x)-67.16W]}{67\ 241.41x(576.36-x-R)-67.16W[67.16W+259.31x]}+17.55 \tag{1-12}$$

2000 年至 2017 年的城镇化率，用(1-12)式计算数据与实际数据对照如表 1-1 所示。

表 1-1　模型计算数与实际数对照表

单位：%

年份	2000	2001	2002	2003	2004	2005	2006	2007	2008
计算数	42.14	42.72	43.29	43.85	44.92	45.43	45.94	46.43	47.39
实际数	36.22	37.66	39.09	40.53	41.76	42.99	44.34	45.89	46.89
年份	2009	2010	2011	2012	2013	2014	2015	2016	2017
计算数	47.86	48.31	49.2	49.63	50.06	50.89	51.29	51.69	52.47
实际数	48.35	49.95	51.27	52.57	53.73	54.77	56.10	57.35	58.52

根据(1-11)式与(1-12)式对城镇化率进行预测，列出部分年份的预测数据如表 1-2 所示。

表 1-2　城镇化率变化趋势预测表

单位：%

年份	2018	2019	2020	2030	2050	2100	2150	2157	2158	2159
预测	52.85	53.59	53.97	58.88	66.75	77.83	82.83	82.93	82.93	82.93

(四)结论与讨论

根据以上研究可知,中国城镇化是在制度力与市场力的共同作用下完成的。笔者应用1978—2007年中国城市化率的数据进行回归分析,根据力学原理,研究制度力与市场力的合力,推导城镇化率变化的轨迹方程。结果表明:中国城镇化发展速度比发达国家快;2013年是中国城镇化快速发展的顶点;中国城镇化率极限为83%。在2013年以前,制度力略有滞后,2013年后市场力衰退,而制度力推动城镇化的作用增强。2158年城镇化将达到极限,2158年后,返城镇化力上升为主要动力——城镇化率下降。

本章预测的中国城镇化率低于潘家华和魏后凯(2010)的预测。事实上,在城镇化力(制度力与市场力的合力)推动城镇化的同时,还有一种相反方向的力——返城镇化力。在经济发展初期,城镇化力显著。随着经济的深入发展,农村基础设施建设增强,城乡统筹,农村的吸引力显现出来,返城镇化力逐渐凸显。如现在有的城市人向农村转移,西方发达国家人们向往农村、回归自然,日本城镇化率下降,等等,这说明返城镇化力的存在。返城镇化力也是一种市场力,中国今后的制度力是要克服这种力从而推进城镇化。预计中国城镇化力与返城镇化力到2158年达到平衡(城镇化率达到82.93411%)。翻过"这个界",城镇化率下降,是下降的速度比上升的速度慢。

2

山区农村城镇化研究

全面建设小康社会重点在农村，难点在山区，路子在农业产业化，途径在农村城镇化，措施在加强基础设施建设，制约瓶颈在资金和技术方面。山区地理条件差，起点低，基础设施落后，农村城镇化步履艰难，小康进程艰辛。但山区也有得天独厚的优势，其劳动力成本低，旅游、药、林、草、矿、能源等资源丰富，开发潜力大，工业化原料丰富，农业产业化条件优越，农村城镇化奔小康前景广阔。

(一)山区农村城镇化现状分析

山区农民为生活而耕作，为耕作而定居。山区耕地地块小，成片面积小，导致农村居民点规模不大，规模大的农村居民点不多(刘明皓，等，2011)。农民的居住地也是部分生产活动的生产地，猪圈、牛圈、鸡圈、羊圈、庭院经济等与人的居住地连在一起，小而全，自给自足，但效益低，卫生条件极差，生活质量难以提高。山区农村居民点占地面积宽、功能雷同、效益低，人均占地面积通常大于城市地区，但由于过度分散，公共服务的供给成本高昂，如通水、通电、通气的成本要高于集中居住地区。由于农村居民点分散，农家子弟上学路途远，接受文化教育有极大障碍，导致农民文化水平低，接受先进技术的能力差，农业生产技术水平低，农业机械化水平低，农业结构单一(主要是粮食生产)，生产方式落后，他们多采用传统的耕作方式，耕地的产出能力弱，农民收入水平低。山区农民居住分散是贫困的一大因素，是推进小康进程的一大限制。要改变这种状况，就需要拓宽农民生活空间，降低农民对耕地的直接依赖性，使山区农民走出山村，到城镇、村镇去。

农村公路以方便村民出行为目的来布局，追求乡乡通公路、村村通公路。但由于村民们各自为政修公路，缺乏统一规划，导致路网结构不合理，断头公路多，路面质量差，公路里程长，车流量小，公路的功能单一，利用率低，经济效益差。水利基础设施也较弱，因其年久失修，渠系不配套，病害工程多，抗御自然灾害的能力弱。农村饮水设施差，缺乏安全、优质、方便的饮用水源。农村电力不足，农民用电水平低，电价过高，农网改造任务重。山区农村量大面广，信息化基础设施配置难度大，山区农民市场信息不灵，盲目生产过多的低值农产品，导致农产品商品率极低。此外，山区农村医疗设施、卫生设施差，医疗卫生条件改善难度大。山区农民如果继续沿着现在的路子奔小康，谈何容易！要甩掉这些包袱，就要选择农业产业化与农村城镇化之路。

大部分山区小城镇尚未达到基本人口规模数量标准，这使得基础设施建设滞后于经济发展水平，造成城镇经济结构单一、就业机会少，导致山区小城镇产业发育非常缓慢，经济积聚功能差。城镇基础滞后，山区小城镇公共基础设施的规模效益就难以发挥。山区小城镇基础设施不配套，小城镇管理方法简单，小城镇管理总体水平滞后，脏、乱、差现象突出，镇容、镇貌差。小城镇基础设施的完备度水平总体较低，对农村城镇化的吸纳能力差，对农村的经济辐射能力弱，因此，加强小城镇基础设施建设是农村城镇化的突破口，而攻克这一难关的制约瓶颈是资金短缺。

山区小城镇地貌和水源等因素限制了城镇建设步伐，城镇环境面貌改善缓慢。一般而言，城镇人口规模达到 5 万人左右才能正常发挥积聚功能，而山区小城镇人口规模一般在 5 000 人以下，小的乡镇仅比农村居民点大一点。大多数小城镇建设布局不合理，没有功能分区或功能分区不明显。有的小城镇沿着公路修建，不顾规划和环保，配套设施跟不上，建筑物低矮不规整、布局零乱、密度低、容积率低、积聚效益低，建筑用地粗放。此外，农民建房存在“搭便车”现象——房屋多沿公路而建，没有统一规划（或规划不合理），影响车辆通行，不但存在安全隐患，还受车辆行驶带来的噪声污染、空气污染等。

小城镇产业结构发展极不合理，农村镇区人口仍以发展农业为主，城镇建筑用地主要为居民住宅用地，城镇与城镇之间没有功能区分，千篇一律的全是农业综合型城镇，没有各自的特色，这与小城镇应以第二、三产业为主的要求很不相符。农村乡镇工业与城市工业高度同构，与农业的关联不强，农产品加工工业在农村乡镇工业中的份额很低，城镇的辐射功能弱。乡镇企业布局分散、信息不畅、基础设施成本太高，不能获得聚集效益，也不能带动第三产业的发展，缺乏连带效应。产业结构不合理导致小城镇企业自身发展困难，仅靠传统的农业及农副产品交易，经济积聚效益差，经济收入总量低，经济效益、社会效益差，制约小城镇整体经济实力的增强，缺乏辐射能力，劳动力集纳能力弱，对农业贡献小，没有发挥出城镇应有的功能。

小城镇建设用地中，工业占地比例很少，工业发展明显滞后，提供的就业岗位少。山区小城镇工业规模小，类型单一，且与大城市工业雷同，没有依赖山区资源的特色工业，技术含量低，市场竞争力弱。山区小城镇工业结构不合理，农林产品加工程度低，未发挥山区资源优势。山区小城镇内部的各企业以及小城镇与小城镇之间的各企业成为竞争对手的多，成为合作伙伴的少，没有形成产业链条，以致企业抗风险的能力弱。

(二)山区农村城镇化与农业产业化

农业产业化是以市场为导向，以农副产品加工业为依托，以科技服务为手段，将农业再生产过程的产前、产中、产后诸环节联系为一个完整的产业系统，实现种养加、产供销、农工商一体化的生产经营组织形式。农业产业化强化了农业生产中经济、技术、社会过程的复合，实现了农业生产空间扩大和时间延长，农副产品的加工、储存、调运、销售等环节都是专业化经营的实体。这个实体要求相对集中地进行规模生产和经营。山区农户经营规模过小，居住分散，不能成为这样的实体。要实现农业产业化，就必须调整土地利用结构和农业产业结构。农业种植“粮、经”二元结构应调整为“粮、经、草(饲草作物)”三元结构，改以粮养猪为以草养畜，充分发挥草的效益，把“草”与“宝”的距离拉得更近。加强开发具有山区特色的园艺业，为农业产业化链条中加工环节提供丰富的原材料。要实现农业产业化，就必须调整农村居民点布局，改善农民居住分散的状况，实现农村城镇化、村镇化。只有农村城镇化，才能普遍提高劳动者的科学文化水平，以适应农业产业化的需要。只有农村城镇化，才有利于生产、经营规模化，才能为农业产业化打造一个平台。只有农村城镇化和农业产业化，才能提高农业生产的技术水平，提高劳动生产率，减少农业耕作对劳动力的需求；才能拓展农业生产空间，增加农业产业链上的就业岗位，增加农业产业化对劳动力的需求；才能使农民走出山村，住进城镇，有事干，能致富。

农村城镇化是农业产业化的要求，农业产业化发展日益增多的各种经营实体在小城镇安家落户，促进了农村城镇化进程。农业产业化的发展是在实现农业生产经营规模化、农业劳动生产率提高、农副产品商品率大幅度提高的同时，把大量的农村剩余劳动力推向农业产业化链条中的加工、储藏、运输、销售等环节，把一大批农民从土地上解放出来，流向集中于小城镇中与农业产业化经营相关的行业。这些脱离了土地的农民随着自己就业的企业在小城镇安家落户，为小城镇发展、繁荣增光添彩，推进了农村城镇化进程。过去，传统农业在大多数人们心目中只包括种植业、养殖业，将农产品加工归入第二产业，将销售归入第三产业。这种划分将农业限制在极狭隘的概念范围内，造成农业资源和剩余价值流向大城市，致使农民收入增长不快，城乡收入差距不减，劳动力向小城镇转移缓慢。实际上，农业产业链的延长，就是要把农业的范畴明确涉足于第二、三产业，并将第二、三产业集中在小城镇。这样在农业产业内部将创造出大量脱离土地的就业机会，从而促进土地经营的集中和土地经营规模的扩大，同时也有利于小城镇的扩张。只有农业产业化，才能延伸农业链，将初级农产品的生产与加工、储运等联系在一起，使现代科学技术与传统种养殖业相结合，促进种养业的发展，提高农民收入，拓宽山区农民小康之路，促进小康的进程。农村城镇化后的农民，只是一种职业的代称，不是一种地位和身份的象征，取消了城乡差别。

（三）农村城镇化要求基础设施现代化

城镇体系是以中心城市为核心的、不同等级规模的、不同等级分工的、相互联系的一系列城镇所组成的有机整体，是自然、经济、政治、文化等多种层面的自然—社会系统。山区城镇体系在重庆市大城镇体系中的定位应该是以生态经济、绿色产业为主体的城镇体系。山区城镇体系有了雏形——以县（区、市）城为中心的小城镇（或乡），具有一定的层次性。山区城镇体系没有明确定位，镇与镇之间关联性不强，功能雷同且单一——政府驻地、居民驻地、集市贸易等，没有产业支撑，没有构成城镇体系。

要完善城镇体系，首先要合理规划，合理布局县（区、市）域内的各小城镇，合理布局各小城镇内部的功能分区。还需要根据产业发展的要求布局山区交通网络，改变目前不合理的交通网络布局，根据交通网络布局农村居民新村，使农村公路既为生活服务，又为生产服务。更艰巨的任务是配套配置基础设施，完善山区小城镇体系。现代化的山区小城镇基础设施，能吸引外资，能吸引企业落户，能吸引农民进城。当然，现代化基础设施建设需要投入大量的资金。应把有限的资金集中于城镇基础设施建设，不能普遍开花，村村社社配套基础设施毕竟不现实。基础设施建设是拉动经济增长的有效途径，是社会经济活动正常运行的基础，是社会经济现代化的重要标志，是经济布局合理化的前提。基础设施由政府投资建设，或由企业投资建设，或由企业之间联合投资建设。山区地方财政困难，往往无力投资基础设施建设，这就需要上级财政给予适当的扶持，创造宽松的投资环境，引导城市资本投资于山区。

（四）农业产业化与农业工业化

工业化是农村城镇化的原动力或发动机，农业产业化包含农业工业化，但不等于农业工业化。农业产业化链条上有乡镇企业，但农业产业化并不是乡镇企业的集合，仅有乡镇企业并不能形成对城乡一体化和农村城镇化的强有力的支持。农业产业化渗透到第一、二、三产业之中，使第一、二、三产业不仅有相互联系，而且还有一定的比例构成，使第一、二、三产业协调发展。山区应按照农业产业化的要求，合理进行小城镇功能分工，突出各小城镇的产业特色，乡镇企业的布局，要突出山区小城镇专业化生产的特色。山区乡镇企业总的特色是绿色食品加工业，但各小城镇要突出各自的品种和品牌特色的企业。山区垂直气候明显，生物多样性，这为农产品加工工业多样性创造了条件，也为产品的丰富性和多样性提供了可能。反过来，农业工业化又促进农业产业化的进程。与农业相关的工业企业的发展，要求农业提供更加丰富的原料。农业将自觉调整产品结构，改善经营方式，不断扩大经营规模，降低生产经营成本，提高产出率。农业产业化的发展，改变了传统的第一、二、三产业的结构，使第二产业的产值位次跃居首位，取代第一产业的位次。农业产业化会促进农业工业化。

（五）农业产业化与农业信息化

目前山区农民居住分散，信息化设施差，信息传播手段落后，相互间的以及与外界信息交流不畅，导致自己的优势产品销不出去，先进的科技信息引不进来。农民难以把握错综复杂、千变万化的市场信息，盲目调整农产品结构，往往一哄而起，出现同步放大价格行为，导致农产品买难、卖难交替出现。此外，农民生产规模小，居住分散，获得信息的成本高，现在又面临国际国内市场竞争的压力，小生产与大市场的矛盾更加突出。以上问题的解决就需要农业产业化与农业信息化，且农业产业化的进程必须伴随农业信息化的进程。农业产业化链条上各环节的相互联系需要以信息为纽带，农业产业化集中规模化生产的同类产品需要信息联系市场才能及时销出去，从而，把农业产业化的市场导向与资源导向结合起来，促进农业产业化发展。农业产业化的规模化生产经营，促进了集中建设信息化基础设施，从而降低了信息产业的成本，提高了信息产业的经济效益，促进了信息产业的发展。山区在农业产业化的进程中，要特别注意对信息产业基础设施的投资，培育信息化人才，普及使用信息技术，从而推动产业化进程。

（六）农村城镇化对策

让部分工业企业离开大城市，到小城镇去设厂，建设小城镇工业。将大城市的工业导入小城镇，建成工业园区、工业小区，一方面可以解决大城市工业基地过度拥挤、严重污染等公害，另一方面能促进乡镇企业技术和经营管理思想创新。

将分散在村一级的工业集中到小城镇，建设工业园区。以经营的眼光对小城镇建设进行全面规划和安排，处理好各种规划的衔接，解决乡镇企业分散化、小型化造成的环境污染，同时提高小城镇公用基础设施的利用率，降低使用成本。农村第二、三产业和农业产业化第二、三产业都集中在小城镇，有利于引导农民走向市场，有利于把种养加、产供销、贸工农融为一体，提高农业的综合效益，有利于农村扩大就业范围，转移农村富余劳动力，增加农民收入。

山区小城镇层次低，需要编制中心镇布局详细规划，明确中心镇的地位、职能、分工以及与周边镇的关系，重点解决产业布局、基础设施建设、环保等问题。具有集聚效应的中心镇，应发挥出具有集聚效益的经济增长极，带动周围区域经济的发展。应以强大的产业支撑小城镇建设，着力培育农副产品加工龙头企业，延伸产业链条，形成种养加、贸工农一体化，同时创新经营机制，依靠科技支撑构建贸工农一体化，打造一批优质名牌。依托龙头企业带动产业，建设交易大市场，发展大贸易，形成大流通。科学规划和重点建设一批贯通城乡、辐射周边地区的农产品批发市场和农村生产要素市场，积极发展各类中介服务组织和现代流通组织，培养一批农工商、产供销、内外贸结合的具有一定规模的业主或企业集团。

农村城镇化，使得一部分农民虽在城镇办厂经商，但在原籍仍保留承包田，由于没有彻底割断与土地的“脐带”，导致村民们不可能认真耕种，从而造成土地粗放经营甚至荒芜，影响农业生产和土地规模经营。为搞活土地使用权流转机制，建立“土地银行”，没有耕种的耕地，可自愿存入“土地银行”，收取一定的利息。存期满后，可取出与存入价值相当的土地（不一定是原来的地块）。土地利用者向“土地银行”贷出耕地，付一定的利息，不改变用途，可加工改造。借期满后进行评估，如增值，增值部分归己有，如减值，要给予经济补偿。“土地银行”要制定一套土地评价体系，进行耕地的借贷业务，收取存贷利息差。除此之外，还应允许农户依法有偿转让使用权，鼓励以土地使用权入股兴办股份合作农业企业，这样才能使土地使用权向种养业能手集中，实现农业规模经营。小城镇建设用地要统筹安排、合理规划、节约用地，集中利用农民住宅用地指标，允许进城农民利用城镇建房用地置换原村庄退宅还田的土地，以保持农村耕地的总量动态平衡。还应结合自然村合并和新村建设及小城镇商品房的开发，逐步对分散的农村居民点进行搬迁改造，退宅还田，促进人口向小城镇转移和土地向种田能手集中，实现土地规模经营。

打破长期实行的城乡户籍管理二元体制，扫除农村人口向城镇流动的障碍。通过政策激励，吸引外来资金、人才、技术建设小城镇，完善各项优惠政策——有利于促进第二、三产业连片发展的产业政策，房地产、产业、人口的优惠政策，有利于发展主导产业的扶持政策，引导乡镇企业和农业产业化龙头企业向小城镇工业小区集中。

3 山区城镇化基础设施建设研究

山区自然条件差，基础设施建设造价高、难度大、效益低。改革开放以来，山区农村建成了一些基础设施项目，为山区人民的生产和生活带来了许多便利。但是，由于山区基础设施底子薄，欠账多，基础设施依然是制约山区农村城镇化的瓶颈。

(一)山区农村基础设施存在的问题及原因

山区公路里程长，通车少，有些地方通路不通车，公路的经济效益低。山区公路等级低、公路网络体系差、断头路多、路况差、通行力弱，缺乏停车场。

山区农村的能源消费结构在不断优化，但受限于基础设施条件较差以及人均收入的影响，秸秆、薪柴等生物质能源仍在山区农村能源消费中占据相当大的比例(李欣欣，等，2019)。然而，对于这些生物质能源的消费方式，仍是以直接焚烧为主，不仅利用效率低，而且对环境和农村居民的身体健康造成很大的负面影响(冉昊和周思彤，2019)。

山区农村水利基础设施薄弱，水利工程年久失修，配套不全，农业基础十分薄弱。笔者在渝东北山区农村走访调查，发现这些地区农业水利化程度普遍偏低，有效灌溉面积仅占其耕地总面积的32.68%；供水保证率低，近90%以上的有效灌面依靠供水保证率低的小型水利设施进行灌溉；水利工程病险隐患多，渠系不配套，病害工程占70.9%；洪灾、旱灾交替发生，水土流失严重；

抗御自然灾害的能力差。农村缺乏安全、优质、方便的饮用水源,农民用水质量差,目前仍有部分农村人口饮水困难。村镇供水设施落后,供水能力不足。

村镇公共设施十分落后,欠账太多,垃圾处理体系、污水处理体系、园林绿化体系和消防救灾体系还是空白,这严重地制约了农村城镇化的进程。

农村信息化基础设施差。邮电、通信等手段落后,农民获得信息的手段落后,对农民有用的信息到达农民手中往往成为"马后炮"。农产品流通不畅,农民信息不灵,市场意识淡薄,农业和农村经济结构调整难度大。电话和广播电视入户率很低。农民获得信息的主要渠道主要靠广播电视,但山区广电设施不健全,大部分农村没有建立有线广播电视设施,农民需要了解国家大政方针的要求得不到满足。农村没有建立闭路电视,大部分农民无法收看到与自己相关的有线电视,这严重制约了农村消费市场的开拓。

文化、体育、教育基础设施投资不足,村镇文化馆、体育场及公共体育设施几乎为零。农民业余文化生活非常贫乏,打牌、打麻将、赌博成风。山区农民体育运动基本没开展(也无法开展),这极大地限制了体育竞技水平的提高和全民健身运动的开展。学校内部设施陈旧落后,大部分山村小学没有平整的操场,音、体、美课不能较好地开设,以致学生的综合素质难以提高。

山区自然地理条件差,村镇体系规模布局过于分散,村镇数量多,规模小,基础设施体系配套设施投资代价高、效益低。另外,规划滞后,使广大农村各类基础设施难以综合配套和加快发展。

地方财力薄弱,农村基础设施"欠账"多,需要改造的多,大多数地方尚未按照市场化、多元化、社会化的新思路来筹措建设资金,也未能充分发挥出地方资源的"生财"作用,单纯依靠上级帮助和政府投入的现象严重,基础设施资金短缺是基础设施建设缓慢的主要原因。

农村基础设施管理不顺、行业垄断、条块分割、各自为政、相互制约的现象普遍,严重阻碍了地方和基础设施建设的顺利开展。

小城镇建设的档次低、配套差,与当地的自然特点、产业优势、经济发展结合不紧,对基础设施建设的带动力不强。

缺乏基础设施建设的管理人才和技术人才。上级部门的服务意识不强,深入地方和基层实际调查研究解决问题不够,在农村基础设施建设的政策、措施、资金、项目、人才、技术等方面对地方和基层帮助扶植不足。

(二)基础设施建设对山区城镇化的意义

基础设施是影响和制约一个地区经济和社会发展的重要因素。基础设施为社会生产和再生产提供一般条件。基础设施包括交通、邮电、供水供电、商业服务、科研与技术服务、园林绿化、环境保护、文化教育、卫生事业等技术性工程设施和社会性服务设施。基础设施的建设对区域经济的发展和加快小康进程具有重要的作用。

山区基础设施落后、生活条件差,外面的人才、技术进不来,也不愿意进入,以致山区的优势产品找不到市场,找到市场也难以卖出去。山区农民居住分散,缺资金、缺信息、缺技术,缺发展的条件。基础设施条件难以改善,生活质量难以提高。要改善山区的生产、生活条件,就得让山区农民适当集中,走出山村到城镇、村镇居住。现在山区小城镇基础设施也较差,对农村的带动功能弱。加强基础设施建设,改善山区城镇的功能,为技术、资金、人才的引进创造条件,为开发山区资源的企业到山区小城镇落户搭造平台,以吸引山区农民到城镇居住和工作,从而实现农村城镇化。

山区生物多样性,资源丰富,这为生产具有山区各具特色的产品提供了广阔的空间。种类多样的资源、农副产品加工的传统工艺、山区的特色风味,再加上现代化的生产、经营、管理,是山区农业产业化的优势。但目前由于山区的基础设施落后,导致现代化的经营管理及现代化的生产技术进不去,山区特色展现不出来,山区特色产品没有开发出来。基础设施的建设,将伸展山区农业产业链,增强农业与其他产业的关联,增强山区与外界的物资流和信息流,引导农民走上农业产业化链条通往小康之路。因此,加强基础设施是推进山区农业产业化、促进山区经济发展的突破口。

山区旅游资源非常丰富,但由于基础设施落后,旅游亮点不亮,旅游线路不通,旅游者旅游费用高,旅游活动比较单调,旅游效用低。旅游产业将是山区经济发展的主导产业,旅游业将带动第三产业的发展。旅游业自身的发展需要基础设施(如交通、信息、水、电等)创造条件。因此,要加强基础设施的建设,促进旅游热线的建成,促进旅游资源的开发,沟通山区与外界的交往,促进山区与外界的信息交流与经济合作。

山区人口稀少,人均土地面积宽,人均拥有资源的种类和数量都多。但目前受基础设施的制约,资源优势不能转化为商品优势:一是对资源的开发能力弱；二是市场观念薄弱，产销不对路。只有加强基础设施建设，才能沟通山内山外的信息流和物资流，转变思想观念，把资源优势引向市场。只有加强基础设施建设，才能把市场需求引到山区，才能增强对山区资源的开发能力。只有加强基础设施，才能打破传统的农业社会的自然地理屏障，改善流通和消费的环境，缩短与市场的距离，给工农产品提供贸易支撑，为信息传播和物质流通创造基础条件。

(三)对策与措施

第一，基础设施超前发展。基础设施是山区经济发展的先行官，山区矿藏、生物、旅游等特色资源的开发和农业产业化、农村城镇化、农业工业化、流通大市场等建设都离不开基础设施的建设。目前山区基础设施建设滞后于经济发展，应加大基础设施建设的力度，使基础设施建设水平超越经济发展水平，以较好的基础设施条件推动经济发展。经济发展后，积累了更多的资金，再加强、改善、提高基础设施。这样以此往复，滚动发展，以加强基础设施建设为突破口，为农村城镇化创造条件。农村城镇化为农业产业化打造一个平台，山区农村通过农业产业化之路通达小康社会。

第二，搞好规划。基础设施建设资金有限，如何把有限的资金用在刀刃上，投入到急需建设的项目上，提高资金的利用效益，这就需要靠规划来解决。通过规划，可以避免盲目投资和重复建设；通过规划，可以避免急功近利，使建设的基础设施发挥出既能为生活服务，又能为生产服务的双重功能；通过规划，可以拉长战略眼光，从全局的观点出发，使基础设施高起点、高质量地进行建设。基础设施规划要与产业布局的规划相衔接，基础设施规划要按照农业产业化的要求规划设计，基础设施规划包括对现有的部分基础设施改造重组的规划，优化资源利用效果，提升整体服务功能。基础设施规划要构造出一个基础设施体系以大、中城市为枢纽的，以中心镇和建制镇为基点的，向集镇一线自然村延伸辐射的道路、供电、供水、供气、通信、广电、水利、市镇环卫、环境绿化等相应的基础设施网络体系。基础设施规划要正确处理行政区划与区域发展规划之间的辩证关系，科学制定区域总规、控制性详规、建设性详规和专业设施管网布点规划，加快编制和完善城乡基础设施体系网络规划。基础设施规划要突出中心镇基础设施的辐射能力，大力加强中心镇、建制镇的基础建设，明确区划功能，使各级各类基础设施体系做到优化配置和综合配套，大力减少重复建设和资金浪费。

第三，改革营运机制。基础设施作为一种公共物品，长期以来由政府部门或垄断性国有企业投资建设。而这些经营部门普遍存在着业绩不佳的问题，主要表现在投资配置不当、供不应求、管理不善、消费巨大，技术效率低等方面。其根源在于，竞争环境缺乏和政府机构管理能力缺乏，导致经营效率低下。因此，必须重构激励机制，革新管理体制，进行基础设施营运机制的重大改革。首先，改革经营方式，根据公私部门的不同机制能力和不同基础设施的"可销售性"大小，可分别实行国有公营、公有私营、私有私营、社区及使用者提供等四种不同的所有权与使用权关系的方案。其次，改革融资方式，以前的基础设施建设过分依赖财政资金，改革的重点是在原来主要由政府承担投资的基础上，发展项目融资，设立基础设施专项基金，确保建设资金足额到位。基础设施营运机制的改革，可以减少政府财政支出，提高投资效率，更大限度地满足使用者的需求。

第四，抓好重点基础设施建设。加强以交通为重点的基础设施建设，缓解基础设施瓶颈制约，消除阻碍城乡沟通的障碍。提高公路等级，连接断头路，建设和完善综合交通体系。打通出口，完善交通网络，强化枢纽节点，提高通达深度。整顿路边民房及路边小商小摊，提高通达快捷程度。加强各种交通运输方式的有机衔接，充分发挥综合交通运输体系的功能。建设山区高速宽带信息基础设施，加快山区通信干线网络建设，提高通信能力。

第五，加强管理。改革和创新城乡基础设施规划、建设、管理的责、权、利。上级有关部门主要应抓好规划指导、政策引导、技术支持、宏观调控、服务监督和市级重点项目及综合网络的建设，区县和乡镇政府应拥有对本地区基础设施建设和管理的基本自主权，以充分发挥各级政府搞好基础设施建设的积极性和创造性。要破除和纠正行业垄断、各自为政、分散建设、多头管理、建管脱节等弊端，切实加强城乡基础建设和管理，充分发挥现有基础设施的功能和作用，大力倡导和运用市场化、多元化、社会化的筹资方式，切实解决地方财政投资资金不足的问题。认真抓好基础设施体系建设中的薄弱环节（排水设施、垃圾处理设施、污水处理设施、消防设施、救灾设施、公园绿地、车站码头、公共厕所）的建设和改造等重点工作。

第二篇

重庆市退耕还林后续发展研究

退耕还林的目标是停止在水土流失严重的坡耕地上进行农业生产，恢复林草植被和改善生态环境。退耕还林（草）不仅是一项从根本上防止水土流失、改善生态环境、治理江河水患的重大措施，而且是一项利国利民、造福子孙后代的德政工程，量大面广，政策性强。退耕还林并不是一退了之，更重要的是巩固退耕还林成果，退耕地变为林地，不复耕，从而达到退耕还林的目的。要巩固退耕还林成果，就必须搞好退耕还林后续发展，退耕后在产生生态效益的同时还要产生经济效益，使退耕农民的收入不断增加。只有搞好退耕还林的后续发展，才能巩固退耕还林的成果，才能形成退耕还林（草）的良性循环，才能提高森林经营者和生态恢复者的积极性。如果退耕后农村经济得不到发展，退耕还林成果就难以巩固。退耕还林成果的巩固与退耕还林后续发展紧密相连，但不完全相同。为了巩固退耕还林成果，国家加大了扶持措施，2007年8月《国务院关于完善退耕还林政策的通知》发布，继续对退耕农户给予适当的现金补助，解决退耕农户当前生活困难，这一政策基本解决了退耕还林成果巩固问题。对于退耕农民的长期发展问题，还值得进一步研究。退耕还林后续发展需要退耕还林的后续发展产业作为支持，需要退耕还林后续发展的产业政策、措施支持发展退耕还林后续产业发展。退耕还林效果如何，目前尚未显现。退耕还林的成败涉及许多方面，不仅受退耕还林政策的直接影响，还受其他相关政策的间接影响。本课题研究退耕还林政策对退耕还林后续发展的影响，提出退耕还林后续发展的政策建议，为巩固退耕还林成果提供参考。

4

重庆市退耕还林实施情况

退耕还林是国家加强生态环境保护、建设和实施西部大开发的重要战略举措，也是农业结构调整的重要决策，是在我国同时面临日益严重的生态环境压力和国家综合国力不断增强的基础上提出来的。作为一个素有“山城”之称的新兴的直辖市，重庆农业生产条件和生态环境条件均比较差。2000 年，由国家林业和草原局、国家计委、财政部共同下文（林计发〔2000〕111 号）发布的《关于 2000 年长江上游、黄河中上游地区退耕还林草试点示范工作的通知》，明确规定把重庆市作为退耕还林的试点地区。

2002 年，重庆市水土流失面积达到 520.35 万公顷（周庆行，等，2004），占重庆市总面积的 63.15%。而三峡库区又属于重庆市生态环境的脆弱地区之一，因此水土流失更加严重。实施退耕还林是改善生态环境的重大举措。对此，重庆市紧紧围绕“坡地增绿、平地增产、农村增效、农民增收”的发展目标，积极探索科学发展模式，认真贯彻执行《退耕还林条例》，改善生态环境，加快基地建设，促进农业产业结构调整，为地方经济培育新的增长点。

（一）退耕还林政策的历史演进

退耕还林由来已久，早在中华人民共和国成立初期，我国就相继出台了各项有关退耕还林的政策措施，取得了一定成果。1949 年，晋西北行政公署发布《保护与发展林业暂行条例（草案）》，规定“林地附近已开垦的林地，如易造林，应该停止耕种而造林，林中小块农田应停耕还林”。1952年，周恩来总理签发《关于发动群众继续开展防旱抗旱运动并大力推动水土保持工作的指示》，指出“首先应在山区丘陵和高原地带有计划封山、造林、种草和禁开陡坡”。1957年，国务院通过《中华人民共和国水土保持暂行纲要》，规定“原陡坡耕地在规定坡度以上的，若是人少地多的地区，应该在平缓坡地增加单位面积产量的基础上，逐年停耕，进行造林种草”。1955年，全国人大决定实施《黄河中游各省区营造水土保持林计划》。实施这些政策，退耕还林（草）取得了很好的效果，比如1950—1952年，我国封山育林414万公顷。退耕封育、营造乔灌草固沙退耕活动等，提高了农作物产量，改善了生态环境。1958—1977年退耕还林遭到冷落，“大跃进”、大炼钢铁，砍树放卫星，大量砍伐弃之深山为朽木，生态严重破坏。不仅如此，“以粮为纲”，毁林开荒，森林化为收获甚微的轮歇地。生态建设完全停滞，大大加快了森林植被的演替，生态环境堪忧。

改革开放后，生态问题受到高度重视，1978年国家上马“三北”防护林体系建设工程，建设“绿色万里长城”。1980—1982年，四川省拿出3.9亿公斤的粮食补贴坡耕地的退耕还林。1984年，《中共中央国务院关于深入扎实地开展绿化祖国运动的指示》，规定“处理好农业和林业的矛盾，有计划有步骤退耕还林”。1985年，人大常委会通过《中共中央、国务院关于进一步活跃农村经济的十项政策》，规定“山区25°以上的坡耕地要有计划有步骤地退耕还林还牧，以发挥地利优势”。1991年，《中华人民共和国水土保持法》规定“禁止在25°以上陡坡地开垦种植农作物……根据实际情况，逐步退耕，植树种草，恢复植被，或者修建梯田”。这些政策鼓励农民营造见效快、收入高的经济林。经济林给农民带来的良好经济效益，使大批农民自觉地退耕还林，探索出了一些新的路子，如重庆市武隆区探索移民退耕还林路子等。但经济林受市场影响较大，退耕不稳，一些地区出现砍挖柑橘树、桑树等现象。

1998年我国开始全面实行天然林保护工程，加紧了对各项政策及法律法规的制定。1998年，《国务院关于保护森林资源，制止毁林开荒和乱占林地的通知》指出，“对毁林开垦的林地，限期全部还林”。《中华人民共和国土地管理法》第三十九条规定，“根据土地利用总体规划，对破坏生态环境开垦、围耕的土地，有计划有步骤退耕还林”。《中共中央关于农业和农村工作苦干重大问题的决定》指出，“对过度开垦、围垦的土地，要有计划有步骤地还林、还草、还湖”。中共中央、国务院《关于灾后重建、整治江河、兴修水利若干意见》指出，“积极推进封山育林，对过度开垦的土地，有计划有步骤地退耕还林”。1999年，时任总理朱镕基提出“退耕还林、封山绿化、个体承包、以粮代赈”的综合措施。随后，四川省、陕西省和甘肃省等地率先开展实施了退耕还林的试点工作。2000 年，《中华人民共和国森林法实施条例》规定，“25°以上的坡地应当用于植树种草，25°以上的耕地应该按照当地人民政府制定的规划，逐步退耕、植树和种草”。长江上游的云南、四川、贵州、重庆、湖北和黄河上中游的陕西、甘肃、青海、宁夏、内蒙古、山西、河南、新疆等 13 个省（自治区、直辖市）和新疆生产建设兵团的 174 个县（市、区、旗、团）开展退耕还林（草）试点示范工作。接着退耕还林（草）试点范围又进一步扩大到中西部地区 20 个省（自治区、直辖市）和新疆生产建设兵团的 224 个县。2001 年，试点计划总任务为退耕地还林 630 万亩（1 亩＝666.67 平方米）、宜林荒山荒地造林 845 万亩。退耕还林作为调整农业结构，增加农民收入的重要措施。1999—2001 年，3 年退耕还林（草）试点累计完成退耕还林任务 3 455.1 万亩，其中退耕地还林 1 809.1 万亩、宜林荒山荒地造林 1 646 万亩，国家共投资 76.80 亿元。通过试点，退耕还林（草）生态建设取得了十分宝贵的经验，为退耕还林（草）工程的全面启动奠定了坚实的基础。2002 年，国务院通过了《退耕还林条例》，全面启动了退耕还林工程。2002 年，下达了退耕还林计划 8 593 万亩，涉及 25 个省（自治区、直辖市）和新疆生产建设兵团。2003 年，下达退耕还林计划任务 10 700 万亩，涉及 25 个省（自治区、直辖市）和新疆生产建设兵团。2004—2006 年，共下达退耕还林计划任务 13 667.1 万亩。

退耕还林粮食和生活费补助期满，很多专家学者对此进行了研究，提出了很多很好的建议（如刘志华，2007）。2007 年 8 月，《国务院关于完善退耕还林政策的通知》发布，继续对退耕农户给予适当的现金补助，解决退耕农户当前生活困难。“补助标准为：长江流域及南方地区每亩退耕地每年补助现金 105 元；黄河流域及北方地区每亩退耕地每年补助现金 70 元。原每亩退耕地每年 20 元生活补助费，继续直接补助给退耕农户，并与管护任务挂钩。补助期为：还生态林补助 8 年，还经济林补助 5 年，还草补助 2 年。根据验收结果，兑现补助资金。各地可结合本地实际，在国家规定的补助标准基础上，再适当提高补助标准。凡 2006 年底前退耕还林粮食和生活费补助政策已经期满的，要从 2007 年起发放补助；2007 年以后到期的，从次年起发放补助。中央财政按照退耕地还林面积核定各省（区、市）巩固退耕还林成果专项资金总量，并从 2008 年起按 8 年集中安排，逐年下达，包干到省。专项资金要实行专户管理，专款专用，并与原有国家各项扶持资金统筹使用。”这一政策对巩固退耕还林成果起到了决定性的作用。

(二)重庆市退耕还林的做法

从2000年试点开始,重庆市政府成立了重庆市退耕还林工程领导小组,在退耕还林工程领导小组的统一领导和协调下,各部门各司其职,确保了退耕还林工作的顺利实施。市、区(县)、乡(镇)建立层层退耕还林工作领导机构,贯彻执行退耕还林的有关政策,组织协调退耕还林有关事宜。退耕还林工程领导小组将退耕还林工程目标、任务、责任、粮食、资金落实到各区(县),明确责任人,各区(县)又将其分解落实到乡(镇),进一步落实到农户,层层签订责任书,把工程成效作为各级领导干部政绩考核的重要内容。为了完善管理办法,重庆市制定了一系列规范工程管理办法:《重庆市造林质量管理办法》《重庆市退耕还林工程种苗任务招投标办法》《重庆市退耕还林工程监理办法》《重庆市退耕还林工程档案管理办法》《重庆市退耕还林工程"一签两证"发放管理办法》《重庆市退耕还林工程非主要造林树种造林密度标准》《重庆市退耕还林工程县级作业设计技术规程》《重庆市退耕还林工程检查验收办法》《重庆市退耕还林工程目标考核办法》《关于完善退耕还林后续政策措施的意见》。为了确保退耕还林工程质量,推行业主承包制、招投标制、质量监理制、资金报账制和责任追究制,提高了退耕还林工程建设水平。

为了使退耕还林后续发展顺畅,应积极探索多种经营管护模式,鼓励个体、私营业主、社会团体参与退耕还林工程建设;允许造林专业大户、社会团体、企事业单位等租赁、承包退耕还林,利益分配由双方协商;大力扶持龙头企业实行产业化经营,实现生态增效、经济增收的"双赢"目标。

重庆率先在全国开展了退耕还林现金直补,将退耕还林的粮食补助和生活费补助纳入财政资金直补范畴。退耕还林补助政策的兑现工作委托银行中介机构以存折的形式发放到农户手中。实行退耕还林补助政策直补后,增强了政策的透明度,减少了政策兑现的中间环节,确保了全市退耕还林补助政策足额兑现到退耕农户,得到了群众的赞成和拥护,并极大地激发了退耕农户自觉参与退耕还林的积极性。退耕还林政策性补偿延长一个周期,给退耕农民又吃了一个"定心丸"。

(三)重庆市退耕还林情况

重庆市的退耕还林可以分为三个阶段。第一阶段是从 2000 年到 2007 年。按照国家退耕还林坚持全面规划、分步实施、突出重点、先易后难、先行试点、稳步推进的原则,2000 年,重庆市被纳入了全国退耕还林工程试点省、市,2000—2001 年分别在万州、云阳、开县、黔江、武隆、城口 6 个区县开展了退耕还林试点,退耕还林 136 万亩(周克勤,2002);2002—2003 年分别在万州、黔江等除渝中区外的 39 个区县全面启动退耕还林,退耕还林 940 万亩(刘万平,2005);2004—2006 年重点倾斜三峡库区退耕还林,在万州、黔江等 37 个区县实施退耕还林 411 万亩(谭宏和刘定祥,2008)。

第二轮退耕还林从 2008 年开始,到 2015 年结束,先后共完成和巩固退耕还林成果林业项目任务 1 038.9 万亩。[①] 第三阶段从 2014 年开始,到 2019 年结束。这个阶段重庆市总的退耕还林任务为 571 万亩,到 2019 年 6 月,已完成退耕还林面积 521 万亩。[②]

重庆市退耕还林工程自 2000 年开展试点、2002 年全面启动实施以后,得到了社会各界的广泛认同和广大农户的衷心拥护,被誉为“德政工程”“民心工程”。到 2019 年,重庆市累计完成退耕还林 2 388.5 万亩,涉及全市 39 个区县(自治县)。通过退耕还林,重庆市实现了可观的生态收益:水土流失治理面积达到了 1.67 万平方公里,涵养水源总量超过了 45 亿立方米/年,固碳总量超过 275 万吨/年,生态效益服务价值达到 1 206 亿元。[③]

(四)重庆市退耕还林效果

重庆市退耕还林自 2000 年试点、2002 年全面启动实施以来,生态环境质量得到了提高,农民生活及地方经济都有了不同程度的改善。

---

① 资料来源:http://guoqing.china.com.cn/2019-08/21/content_75121622.html.

② 资料来源:同上。

③ 资料来源:http://nyncw.cq.gov.cn/details.aspx? topicId=746133&ci=486&psi=6.

国家监测公报显示,"十五"期间,三峡库区水土流失减少了23.9%,长江输沙量从1999年的4.04亿吨减少到2004年的1.29亿吨,土壤侵蚀模数由工程实施前的5 000吨/平方公里·年降低到2 000吨/平方公里·年,初步治理水土流失面积1万平方公里(万州水文站监测)。由此看来,退耕还林综合治理生态环境问题效果明显,工程区水土流失及土地沙化得到有效控制,生态环境明显改善。比如,石柱县退耕还林后水土流失面积减少203.66平方公里,每年减少泥沙流失492.5吨,空气质量等级由实施前的三级提高到现在的二级(见表4-1)。

表4-1　石柱县退耕还林前后水土流失对照

工程实施	水土流失面积(平方公里)	强度以上流失面积(平方公里)	土壤平均侵蚀模数(吨/平方公里·年)	年流失泥沙量(万吨)
前	1 942.96	821.37	7493	1 342.5
后	1 739.3	基本控制	3 765.7	850

资料来源:《石柱年鉴2010》。

通过退耕还林和营造林,2019年重庆市森林覆盖率达到50.1%。[①] 而2000年,重庆市的森林覆盖率仅有23.1%。[②] 其他各类森林资源指标均有了大幅度的提升。林地面积达到206.28万公顷、活立木总蓄积1.74亿立方米。[③] 工程区生态状况初步好转,生物多样性日渐增多,空气质量日益好转,一些地方白鹭、野猪、猕猴等种群数量有了大幅度的增加。所以,实施退耕还林工程可以从根本上减少输入到江河湖库的泥沙量,解决了水土流失问题,提高了水源涵养能力。

退耕还林增加农民的收入主要有两个方面,一是退耕还林直补增加的收入,二是退耕还林后续产业增加的收入。截止到2018年,重庆市累计向退耕农户发放退耕还林补助资金共219亿元,户均补助达到8 200元,人均达到2 400元。[④] 同时,退耕还林任务重点向贫困地区倾斜。2014—2018年国家下达重庆市退耕还林任务465万亩,其中贫困区县建设任务为400.5万亩,占计划任务的86.1%,涉及贫困村2 200多个、贫困户11万多户、贫困人口近40

① 资料来源:http://lyj.cq.gov.cn/portal/pages/detail.html? id=8511.

② 资料来源:《重庆统计年鉴2001》。

③ 资料来源:《中国林业统计年鉴2018》。

④ 资料来源:http://nyncw.cq.gov.cn/details.aspx? topicId=746133&ci=486&psi=6.

万人。[1] 退耕还林补贴成为贫困家庭收入来源的重要组成部分。

退耕还林还带动了相关产业的发展，为农民的增收做出了贡献。2018年，重庆市依托退耕还林建立的特色产业产值达到65亿元，伴随兴起的乡村旅游收入达到23亿元，林下种养殖产业产值达到18亿元。[2]

同时退耕还林还促进了农业劳动力的产业转移，实现了劳动力资源的优化配置，提高了劳动生产率。2018年，重庆市通过退耕还林转移富余劳动力280万人，外出务工劳务收入达440亿元。[3]

宜林而不宜粮的土地种粮生产成本高，土地产出能力低，把这部分土地退耕下来还林，所减少的粮食产量并未对重庆市粮食产量造成较大影响。退耕还林将原来坡度大、水土流失严重的低产坡耕地转向林地，节省下来的灌溉用水、化肥、劳动力等向耕地增加投入，实施精耕细作，带来粮食单产的增长，提高了土地利用效率。提高土地利用率所增加的粮食产量与退耕所减少的粮食产量相比较，重庆市粮食总产量是逐年增长的。

退耕还林是在改善生态环境的基础上顺应市场经济规律，提高土地利用率，促进龙头企业的兴起，实现资源优化配置，发展地区经济。退耕还林后，农村资金、人力、物力等生产要素重组，由种植粮食作物向种植业内部其他作物，向畜牧业及第二、三产业转移，实现了农业内部结构和农村产业结构的调整，促进了经济发展。

---

① 资料来源：http://jda.cq.gov.cn/gzdt/jrcq/53193.htm.

② 资料来源：http://nyncw.cq.gov.cn/details.aspx? topicId＝746133&ci＝486&psi＝6.

③ 资料来源：同上。

5

退耕还林后续发展问题

退耕还林退出的是粮食和经济作物25°以上的坡耕地，退耕的依据是《中华人民共和国水土保持法》，该法规定，禁止在25°以上陡坡地开垦种植农作物。退耕还林工程是我国迄今为止政策性最强、投资最大、涉及面最广、工程程序最多、群众参与程度最高的一项生态工程。退耕还林工程启动以来，从国务院相关部门到地方各级政府再到具体实施管理部门，先后系统制定和出台了上百件政策文件(国家林业和草原局退耕还林办公室，2006)。本项研究在对有关退耕还林各种政策文件深入分析的基础上，结合重庆实际，初步找出了退耕还林后续发展的政策问题及实施退耕还林过程中的问题。对这些问题进行研究，探讨林业的政府管理、税收和财政政策、林地权属、森林采伐管理及林业贸易协定对退耕还林后续发展的影响，探讨推动退耕还林后续发展、巩固退耕还林成果的政策措施，从而保证退耕还林还草目标的实现。

(一)宣传与认识问题

整个退耕还林政策采用的是一种自上而下、层层传递的推行模式，其制定过程中没有退耕农民的参与。覆盖不同省份和地区的退耕还林政策，采取的是一种行政命令式的一刀切方式，没有充分重视农户的意愿、利益和需求，没有让农户参与到退耕还林的具体规划中来。农民对退耕还林不是主动参与，而是被动接受，存在着等、靠、要的思想，不思退耕还林后续发展。刘英提出农民的文化素质和思想观念有待提高:退耕还林还草与农民利益之间存在着长远利益和眼前利益的矛盾。长期的管制使他们形成了唯政府命令是从的态度,而环境的闭塞也使他们目光短浅,只看到蝇头小利,不顾以后的生存大计(万海远、李超,2013)。退耕还林还草追求的应是长远利益,在退耕还林之前、之中以及之后都要对农民进行相关教育,宣传此工程的重要性及必要性,使农民自觉自愿地参与到这项工程中,并引导农民保护还林还草成果。

即使退耕还林政策已经实施多年,但参与退耕还林的农民对政策的认知仍不完善。如杨维鸽等(2010)的调查发现,仅有不到四成的农民清楚退耕还林政策的目的,完全不清楚政策目的的农民仍有 20%。而且大部分农民对于退耕政策的支持仍是出于获得补贴的目的。这也是可以理解的,毕竟退耕还林的生态收益不能货币化,农民就不能从退耕中获得直接的收入。从经济利益的角度考虑,农民必然不会主动选择参与退耕还林。

(二)退耕还林后续产业发展问题

我国实行的退耕还林(草)政策规定的补助年限为:还草补助 2 年,经济林补助 5 年,生态林补助暂按 8 年计算。2006 年有部分退耕还林补偿已到期,国家又对退耕还林补偿期限延长一个周期。农民的生存问题暂时得到了解决,为退耕还林后续发展奠定了基础。退耕还林是一种土地管理制度的创新:在私人土地承包制的前提下,国家必须用补贴的方式进行产权交易,补贴的实质是生态购买(王欧和宋洪远,2005)。延长退耕还林补偿期,巩固了退耕还林成果。但是,如果只有补偿,不解决退耕还林后续发展问题,退耕还林成果可能会受到动摇。沈海涛指出,退耕还林农户是按照市场法则进行决策,只有在比较效益中看到退耕还林的预期收益高于耕种收益时,他们才会退耕还林(蒋海,2003)。

积极发展退耕还林后续产业,不仅可以巩固退耕还林成果,还可以增加农民收入,以免农民毁林复耕。因此,科学合理地选择后续产业开发的突破口对于退耕还林的可持续发展至关重要。王斌(2006)就固原市的实际情况提出了固原生态建设思路:以农民增收为目标,做大做强支柱产业,打造后续产业新优势,紧紧围绕"草畜、马铃薯、劳务、旅游"四大支柱产业,在扩大规模、提升水平、增加效益、开拓市场上下功夫。胡玉山等(2006)根据河北省沽源县的实际情况提出了培育龙头企业的措施:随着生态建设快速发展和产业结构的有效调整，公司加农户的路子将越走越宽，培育和壮大相关企业势在必行。大力发展木材加工（木材、人造板类），绿色食品生产加工业（仁山杏、山野菜、食用菌等），畜产品经营加工业（肉类、奶类、蛋禽类），农产品经营加工业（杂粮、食品加工等），草产业开发（深加工、出口等）。只有扶持农民发展高效农业和舍饲畜牧业，增加农民收入，才能达到退得出、种得活、保得住、不反弹的目标。重庆市如何找准退耕还林后续发展的突破口，如何选择退耕还林后续发展产业项目，这是值得深入研究的问题。重庆市在妥善安排好农民将来的生计问题后，大力发展林果产品的后续产业，开办木材、果品、水果饮料等加工，开展多种经营，大力发展旅游业，培育新的劳动力市场，最大限度地解决剩余劳动力的就业问题。这样退耕还林还草才能真正实现"退得下、稳得住、不反弹"的目标。

（三）林种比例问题

政策规定退耕还林要以营造生态林为主，营造的生态林比例以县为核算单位，不得低于80%，经济林比例不得超过20%。[①] 重庆市生态林90%、经济林10%，通过退耕还林工程建设市级复查——生态林10%、经济林90%，体现了生态优先的原则（陈先刚，等，2009）。但在其他省市经济林种植比例都超过20%。史清华和陈爱兰（2002）在陕西省的实际调查中发现，经济林的比例却达到了80%左右。经济还林的农民在补助期满后通过采果等还有一定的收入，而"禁伐"使退耕还生态林的农民在补助期满后几乎没有收入。重庆市退耕还林生态林比重过大，增加了退耕还林后续经济发展的难度。现在农民还是以"地"为生，有的地方更适应种植经济林而非生态林，不能一刀切。周建华（2005）根据吉林省的实际情况指出，对于25°以上的退耕地有的地方宜于还林，有的适宜于种草养畜，有的适宜于林草共生。就还林来说，有的地方宜造防护林，有的地方宜造经济林，有的地方宜造薪炭林。不同地区该选择什么林种、树种、草种、畜种都必须因地制宜，只要能达到最大限度地防治水土流失的目标，在兼顾生态效益、经济效益和社会效益的原则下，不同地区应选择最适合当地的条件和特点的还林还牧的模式。在沿江地区，由于三峡工程淹没

---

① 国务院关于进一步完善退耕还林政策措施的若干意见，http://www.people.com.cn/GB/huanbao/55/20020621/757929.html

了部分良田沃土，人地矛盾比较突出，退耕还林机会成本高，实施退耕还林难度大，如果只栽植无经济效益的树种，退耕还林成果将难于巩固。后山地区，人均耕地面积大，陡坡耕地土质条件差，退耕还林机会成本小，退耕还生态林也会增加农民收入(政策性补偿)，但退耕还林的后续发展困难就增大了。

重庆市 2000—2005 年完成退耕地造林 631 万亩，按林种分，生态林 591.2 万亩、经济林 68.2 万亩、还草 1.6 万亩。单从林种上看，经济林占 10%，体现了生态优先和兼顾农民增收的原则。但从树种配置上看，纯林比例大，混交林少；造林模式单一，单层林多，复层林少，乔灌草没有进行合理搭配。调查发现，部分工程县的树种配置规划设计不尽合理，造林地选择不当，没有做到适地适树，造林树种比较单一，片面追求规模效应，部分造林地都成为小老头树或枯木。在造林树种选择上，没有优先发展乡土树种，盲目大量引进没有进行区域试验的新品种进行推广。退耕还林地区经济落后，农民大多刚刚解决温饱问题，群众的经济承受能力差，一旦决策失误，多年的辛劳就会付诸东流，他们经不起折腾，不具有抵抗经营风险的能力。

(四)退耕还林后续发展政策问题

2004 年中央对退耕还林政策也进行了较大调整，主要是将退耕还林粮食补助改为现金。[①] 王治海(2006)指出，此项政策使得农户具有在政策实施期间的短期利益倾向，存在机会主义行为。随着我国农业税和特产税的减免，加上国家对种粮农户实行补贴，农民的种粮积极性得到了提高，但新一轮退耕还林的补助标准降低了，与种粮农户相比，退耕户的相对收入较少。陈永富(2002)也指出，为解除农民的后顾之忧，吃下“定心丸”，政策出台后不能朝令夕改，要保持相对稳定，并要时兑现相关政策，取信于民。农民担心退耕还林政策是否会变，以及物价变化带来的风险。对于如何降低退耕农户的收入风险，现有研究较少，鼓励退耕还林后续产业发展的政策措施也较少。

---

① 国务院办公厅关于完善退耕还林粮食补助办法的通知，http://www.hbcz.gov.cn/421083/lm3/lm323/2006-11-14-1009966.shtml

(五)造林质量问题

调查显示,95%的种苗由地方政府集中采购,5%的种苗由农户自己采购。农户认为质量好的占43%,质量一般的占47%,质量差的占10%。种苗质量直接影响退耕还林后续发展。在大面积实施退耕还林阶段,地方政府和林业管理部门在种苗的品种、质量和数量上准备不足,很多地方有什么苗就栽什么树,没有选择优良品种。有的地方由于苗木病虫害的检测手段落后,技术人员缺乏,苗木检疫工作不到位,导致一些检疫性病害苗进入市场。退耕农户没有供苗单位的品种质量证明非常普遍,存在供苗单位用实生苗代替嫁接苗、用落后品种充当优良品种,贱苗伤农现象在一些地方还比较突出。

国家退耕还林主要是针对坡度25°以上或水土流失严重或者生态位重要粮食产量低而不稳的耕地。2000—2005年重庆市共完成坡耕地退耕还林631万亩,按坡度分,大于25°的有376万亩,占59.6%;15～25°的有210.3万亩,占33.3%;小于15°有44.7万亩,占7.1%。有些乡镇政府和村委会为了减免农业税,将坡度在25°的以下"二类地",甚至"一类地"也进行了退耕,存在选择地类不合理,该退的地没有退下来,不该退的反而退了,这为后期的成果巩固将产生较大影响。

树苗质量和退耕地的选择都严重地影响造林的质量,进而影响退耕还林的后续发展。

(六)管理问题

以退耕户自营为主,实行业主承包、集中管护、股份制经营的面积有101.07万亩,仅占总任务的16%。实行业主经营管护的效果好,一般在3～5年就可成林;退耕户自己管护的苗木长势差,只见杂草不见林的现象突出,退耕户基本上都是被动管护,上级不检查就不管护。纯生态林部分,92%的退耕户都是应付上级检查被动地进行简单除草管理;经济林部分(包括兼用树种),有32%的退耕农户进行了除草和施肥,35%的退耕户只进行了除草工作。同时还发现,86%的退耕户不懂得整形修剪和病虫害防治等技术,栽植的水果没有合理的树型。一些退耕户外出务工后家里劳动力不足,退耕后只进行了简单看管，没有进行除草、施肥等抚育管理，100%的农户在栽植前没有施底肥。

重造轻管、重退耕地造林轻荒山造林的现象严重。管护不到位，造成了造林成活率（保存率）低。据区县2005年县级自查结果显示，万州区退耕地造林苗木保存率为93%，2002年的荒山荒地造林苗木保存率为46%；奉节县退耕地造林苗木保存率为90%，2002年的荒山荒地造林苗木保存率为35%，退耕地进行抚育管护后保存率高，荒山荒地造林由于没有其他补助，农户第一年栽植后基本上没有进行管护。

（七）技术服务问题

退耕户普遍反映在开展规划设计、栽植期间，技术人员要来开会和指导，栽植完后，除每年开展检查验收外，平时基本上看不到技术人员下来开展技术指导服务，农民栽好树后基本上失去了技术支撑。从各地举办的培训情况看，都侧重于工程管理和政策培训，栽培技术方面的培训少。

从乡镇林业站工作人员结构看，技术力量比较薄弱，重庆市乡镇林业站大专以上学历的占46%，中专及以下文化程度的占54%，没有专业技术职称的人员占57%，忠县和巫溪县乡镇林业站都还没有专业技术人员。技术人员的严重不足与农民需求存在较大的差距，致使技术服务严重滞后。成立了专业协会的地方，农民的经营管理质量较高，新技术推广较快，单位面积效益也很可观。全市农民接受过实用技能技术培训的仅占全市农业人口的6.5%，这与建设现代农林业发展的要求还有较大的差距。

（八）退耕还林效益发挥问题

退耕还林生态效益明显，经济效益未能得到有效发挥。到2006年年底，已经产生经济效益的退耕地不到完成面积的1%，据市蚕桑站统计，重庆市2006年产茧2.61万担，重庆市通过实施退耕还林在2000—2002年发展蚕桑44.16万亩，如果按照栽桑4年后产120公斤/亩蚕茧计算，就退耕还林发展的蚕桑就应产茧5.3万担，这就说明退耕还林种植的桑树还有很大一部分没有发挥经济效益。通过对2000年试点的武隆区典型调查发现，2000—2002年栽植的猕猴桃地，由于感染溃疡病进行全部销毁后，改种香椿和厚朴等树种，除栽植香椿的退耕地通过销售椿芽有600元/亩的收入外，厚朴还没发挥效益；栽植桃和枇杷的退耕地，整形修剪和疏花疏果工作基本上没有开展，收入在600元/亩以上的占20%，收入在200～500元/亩的占40%，收入在200元/亩以下的占30%。调查发现，栽植经济林的退耕地大部分是土质条件较好的地方，农民希望通过退耕还林获得较高的经济效益。涪陵区明家乡清丰村，在2003年通过实施退耕还林发展了1 000亩花椒基地，调查发现，1/3的花椒地管护比较到位，经济收入达1 200元/亩以上，2/3的地块花椒苗长势差，收入不到300元/亩，个别地块由于没有进行抚育管理花椒干枯死亡。退耕地由于管护不到位，技术服务没有跟上，农户资金短缺，农村强劳动力缺乏，导致退耕还林效益低下。

（九）剩余劳动力转移问题

实施退耕还林后，随着耕地面积的减少，劳动强度的降低，农村劳动力出现剩余，这加快了农村劳动力的转移。到2005年年底，退耕农户出现剩余劳动力317万人，政府通过发展第二、三产业和推进城镇化建设，已转移剩余劳动力225万人，但还有92万剩余劳动力没有从农村中转移出来，转移剩余劳动力的任务还比较艰巨。从农民纯收入构成看，农村通过剩余劳动力外出务工，促进了家庭收入的较快增长，这也是重庆农民收入增加的重要支柱。

（十）资金问题

由于地方造林季节主要在春季，而计划的下达一般是在第二季度，资金到位则更迟，这样就影响了整个工程的工作安排，不能按时完成栽植任务，降低了树苗的成活率（刘占朝，2004）。为认真落实退耕还林政策，国务院专门颁布了《退耕还林条例》，各地也有与之配套的相关规定，但在具体实施过程中，这些条例和规定在一些地方并没有得到很好的落实，从而有弄虚作假行为。《退耕还林条例》规定，退耕还林所需前期工作和科技支撑等费用，国家按照退耕还林基本建设投资的一定比例给予补助，由国务院发展计划部门根据工程情况在年度计划中安排。国家从2004年起，对退耕地新任务按1元/亩的标准一次性给予补助。重庆市按照2002年退耕地新任务1元/亩、荒山荒地造林

0.5 元/亩，2003—2005 年退耕地新任务 1.5 元/亩、荒山荒地造林 1 元/亩的标准一次性给予补助，要求区县必须按照 1∶1 的比例进行配套落实。所有工程区县对退耕还林工程的财政投入严重不足，基本上都是依靠国家的投资。有的地方财政对当年的作业设计、检查验收等工作经费都没有得到落实，更谈不上落实技术指导和新技术推广费。有的乡镇、村社，为了退耕还林工作的有序开展，在财政经费没有落实的情况下，采取变相克扣农民补助以损伤农民利益的方式来争取工作经费。地方财政经费不落实，影响了技术培训、指导和推广工作。

以上十大问题归结起来为两大问题——政策问题和实施问题。如何解决这两大问题，将在后面几章中进一步讨论。

6

退耕还林与农业产业结构调整

退耕还林的实施必然带来农业结构的调整，这一调整除了指对农林牧渔这四大部门在比例上的调整外，还包括种植业内部的调整以及对农村产业结构、农民从业结构、农业技术结构产生深远的影响。产业升级不仅仅发生在制造部门，同样还发生在农业部门。为适应农产品供求结构发生转折、居民消费层次的提高，农业产业结构必须发生转变，收入弹性较大的农产品产量应有所提升。农村产业结构的调整，农业产业链的延长，对解决农民就业和农民增收有着重要的意义，也是促进城乡统筹的重要途径。农业结构的调整，必然引起农业生产技术需求变化，这就要求对农业生产技术结构进行调整，以支持农业结构调整顺利持续进行。

(一)农业结构研究概况

关于农业结构变化的研究主要关注三个问题。第一是如何描述农业部门的结构变化。Goddard 等(1993)认为农业部门的结构特征可以从以下多个方面来描述：农场(农户)数量、农场(土地)经营规模、集中度(土地面积或产值)、农场(农户)类型、土地所有权性质、专业化程度、财务结构、价值链整合程度、进入障碍、社会经济特征等。可以认为，Goddard 等(1993)的归纳是比较全面的，后续的大多数研究在描述农业部门的结构时所采用的分析视角并未脱离这个范围。如 Chavas(2001)在《农业经济学手册》中从农场规模、产品多样性

(专业化)和农场的组织结构等三个角度分析了农业结构变化。Sumner(2014)从农场规模的视角分析了美国农业的结构变化。这些描述更注重农业内部的结构特征。还有的研究则是从总体的经济结构的角度来分析农业部门的结构变化,即农业部门的增加值和就业占 GDP 和就业总量的比重的变化(Timmer,2009;孙中才,2006)。

第二个问题是,农业结构变化的驱动因素有哪些?Goddard 等(1993)将引起农业结构变化的因素划分为四类,分别是:(1)部门因素:供需平衡和价格成本差率、市场不稳定性、贸易依赖度、生产技术、要素比例、规模经济、管理能力不均等化、农民的发展目标、投入和产出的市场结构;(2)公共因素:政策规制、税收、信贷环境、农产品支持和稳定政策、风险的社会化、投入补贴、农业研究与开发(R&D)和农业技术推广;(3)宏观因素:通货膨胀/利率、汇率、交通基础设施、能源;(4)其他因素:农村生活条件、土地利用政策。对中国来说,土地制度和农业发展扶持政策对农业结构变化也有重大的影响。Chavas(2001)从经济学的角度对引起农业结构变化的原因进行了阐释。一方面,规模经济的存在促使农场规模的扩大,进而导致农场的兼并和农场数量的下降;另一方面,范围经济的存在使得农场在专业化和经营多样性之间权衡;最后,农业技术的发展驱动了农业生产组织的变化,进而引起农业部门的结构性变革。NRC(2002)将推动农业结构变化的因素归结为三个方面:(1)劳动力和资本的相对价格。要素相对价格决定了农业生产是资本密集型还是劳动密集型,进而决定农业的生产结构;(2)知识和信息。知识和信息决定了一个农业生产者在市场中的优势,从而影响了它在市场中的竞争地位,进而决定了其规模的扩张和缩减;(3)政府政策。不同规模的农业生产者获得政府补贴的强度不同,通常规模大的农业生产者会获得更多的农业补贴(在中国也是如此,如一些地方政府出台的农业扶持政策对农业经营规模有最低要求),这显然形成一种政策引导的竞争优势,从而会影响农业生产的结构。

第三个问题是农业结构转型的影响。农业结构变化直接对生产率产生影响。这种生产率效应可以从两个角度来衡量,一个是对农业部门本身生产效率的影响,另一个是对经济总体生产效率的影响。不同的影响所对应的农业结构变化的概念也有所区别。从经济结构的角度来看,农业结构变化可以表示为劳动力在农业部门和非农业部门之间分配的变化。由于农业部门的就业份额和 GDP 份额之间存在巨大的差异,因此农业劳动力从农业部门向非农业部门的配置可以提高经济体内部劳动力的配置效率,从而促进总体的经济增长(Gollin,等,2013)。农业部门内部的结构调整也会改变本行业的生产效率。一方面，这来自资源在农业部门内部的重新配置，例如由于规模经济的存在，农场规模存在扩大的动力，这意味着资源从小规模的农场向大规模农场的在配置，在这个过程中，生产要素被配置到效率更高的生产单位（Key，2018）。但是，经营规模和生产效率之间的关系并非单向，发展中经济体大多数表现为经营规模和生产率之间的负相关关系（Lipton，2009）。因此，农业结构变化对生产率的影响取决于具体的宏观经济环境。

（二）重庆市农村产业结构的演进

本章的数据主要来自《重庆统计年鉴 2019》，如果有其他来源的数据另作说明。

从农业部门的产值构成来看，种植业、林业、畜牧业、渔业四大行业的产值在建国之后实现了显著的增长。图 6-1 给出了四大行业从 2000—2018 年间名义总产值的变化趋势。种植业总产值从 2000 年的 244.74 亿元增长到 2018 年的 1 292.68 亿元，年均几何平均增长率为 9.15%；林业总产值从 2000 年的 10.82 亿元增长到 2018 年的 101.14 亿元，年均几何增长率达到12.5%，为四个行业最高。这和 2000 年之前的增长趋势变化形成了鲜明对比。从 1990 年

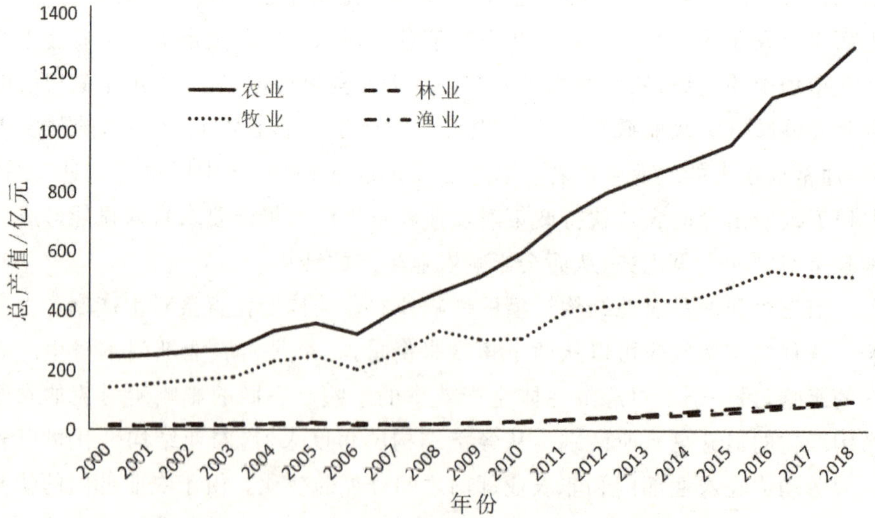

图 6-1　2000—2018 年重庆市农林牧渔业总产值变化

资料来源：《重庆市统计年鉴 2019》。

到 2000 年，种植业总产值的年均几何增长率为 10%左右，和 2000—2018 年间相比差别不大。而 1990—2000 年，林业的年均几何增长率仅为 6.3%，不仅显著低于种植业，而且也显著低于 2000 年之后的林业部门发展速度。这种增长速度的变化无疑是由退耕还林所导致的。同时，也可以发现，退耕还林虽然提高了林业部门总产值的增长速度，但并没有使种植业的产值增长速度下降。这说明，尽管退耕还林导致部门农业用地从种植业退出，转移到了林业部门，但并没有使种植业的生产受到明显的影响。其中的原因可能有两个：一个是退耕的土地较为贫瘠，生产率不高，因此退出对于种植业的增长影响不大；第二个是退耕之后降低了土地分散的程度，提高了劳动生产率，这有助于种植业产值的增长。

从种植业内部来看，实行退耕还林以来，重庆市的粮食播种面积逐年缓慢下降，从 2000 年的 2 773.4 千公顷下降到 2018 年的 2 017.85 千公顷，减少了 10.0%（见表 6-1）。而经济作物和其他农作物则有很大程度的增长，其中油料作物的播种面积从 2000 年的 226.38 千公顷增长到 2018 年的 325.07 千公顷。油菜籽从 2000 年的 173.19 千公顷增长到 2018 年的 250.15 千公顷。蔬菜的播种面积同样增长迅速，从 327.09 千公顷增长到 739.18 千公顷。烟叶的种植面积则呈现下降的趋势。

表 6-1　主要年份农作物播种面积

单位：千公顷

年份	农作物总播种面积	粮食	稻谷	油料	油菜籽	蔬菜	烟叶
1978	3 498.06	3 177.22	849.24	92.35	71.37	95.95	26.58
1987	3 241.26	2 697.51	807.80	180.58	143.29	160.87	41.73
1998	3 614.45	2 900.66	794.64	192.33	148.90	290.40	56.60
2000	3 590.82	2 773.40	776.64	226.38	173.19	327.09	70.78
2018	3 348.49	2 017.85	656.45	325.07	250.15	739.18	32.40

数据来源：《重庆统计年鉴 2019》。

从表 6-1 中也可以发现，粮食的播种面积自 1978 年之后一直呈现波动。1978 年粮食的播种面积达到了 3 177.22 千公顷，1987 年下降到2 697.51千公顷，这种下降可能是由于实施了家庭联产承包责任制之后，粮食产量的增加导致粮食比较收益下降，从而降低了农民种植粮食的积极性。在 1987 年之后，粮食种植逐渐恢复，一直上升到 1998 年的 2 900.66 千公顷，在此之后再度下降。这一阶段的粮食种植面积下降来自多方面的因素：一个因素是农村劳动力的转移导致劳动力数量下降，原本收益低并且需要密集投入劳动力的粮食种植面积开始不断下降；另一个因素是2000年之后的退耕还林，这也直接导致了粮食种植面积的下降。

重庆市粮食结构中，稻谷一直以来都是最主要的产品，2000年稻谷产量达525.43万吨，随后稻谷产量减少为2001年的466万吨。随着中央对粮食安全问题的重视，2002年稻谷产量开始回升，2005年产量为521.43万吨，只比2000年减少了4万吨。经过2006年一个比较大的减产之后，稻谷产量逐渐恢复，但产量并没有提高，基本保持了一个稳定的产量，2018年的稻谷产量为486.92万吨(见图6-2)。在稻谷种植面积不下降的情况下，稻谷的产量能够保持稳定，说明单产在提升，生产效率在提高。

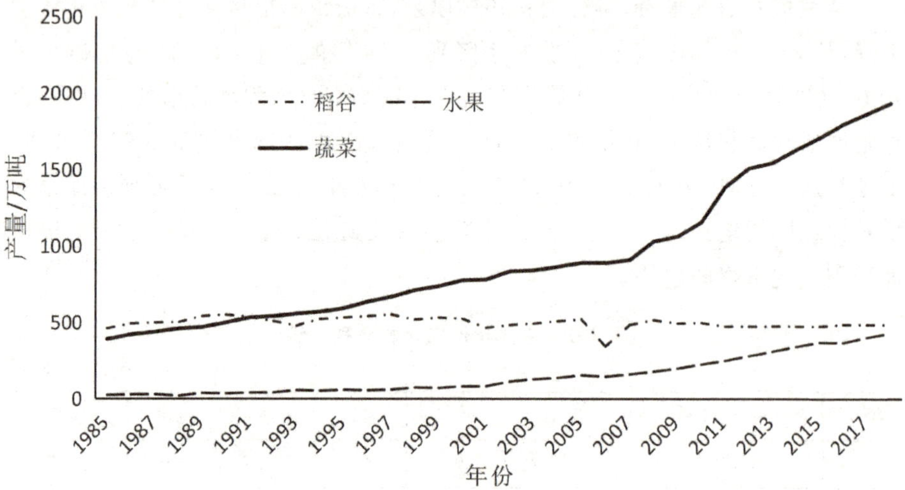

图6-2 重庆市稻谷、水果、蔬菜产量变化趋势(1985—2018)

资料来源：《重庆统计年鉴2019》。

重庆市的蔬菜生产有了大幅度的提升。从图6-2可以发现，这种增长的趋势开始于退耕还林之前。到2009年，蔬菜产量的增长基本上是一个线性增长的趋势。在2009年之后，蔬菜产量有一个大幅度的跃迁，由2010年的1 154.8万吨迅速增长到2011年的1 385.96万吨，增幅达20%。在此之后蔬菜产量增速恢复到以前的速度。蔬菜产量的持续上升反映了重庆市居民食品消费结构的变化，进而导致了农业种植结构的改变。

重庆市的水果产量则在稳步提升。由于经济林在退耕还林营造林中的比例较低，所以虽然重庆市将大量的坡地改为林地，但是并没有对水果生产造成较大的影响。2014年开始的新一轮退耕还林不再对经济林和生态林比例做出要求。在这种情况下，重庆的退耕土地开始大批转向经济林，尤其是水果的生产。目前，重庆市多个区县已经成为柑橘的主产区，如渝北区、奉节县等，预计此后重庆市的水果产量会继续提升。

近年来，重庆市的牧业和渔业有了相当大的发展。2000—2018 年，水产品产量从 20.03 万吨增长到 52.96 万吨，年均几何增长率为 5.2%；猪肉产量从 122.45 万吨增长到 132.16 万吨，增长并不显著。这可能是由于重庆市并非玉米的主产区，退耕还林的坡地并不适于种植玉米，或者不利于玉米的机械化操作，玉米生产成本高于其他的地区，从外部运输玉米进而生产饲料的成本相对较高，同时饲料的运输成本也不低，这就限制了重庆市的猪肉生产。

经过多年的发展，重庆市的经济结构发生了较大的变化（如图 6-3 所示）。第一产业劳动力占总劳动人口的比重从 55.4%下降到 27.2%，占比下降了一半。然而第一产业 GDP 占 GDP 总量的百分比下降的幅度更大，从 15.9%下降到 6.8%，下降幅度超过 50%。因此，重庆市劳均 GDP 与第一产业劳均 GDP 的差距在增加。2000 年，重庆市劳均 GDP 是第一产业劳均 GDP 的 3.5 倍，2010 年变为扩大到 4.85 倍。此后，差距有所下降，到 2018 年，这一比例变为 4。

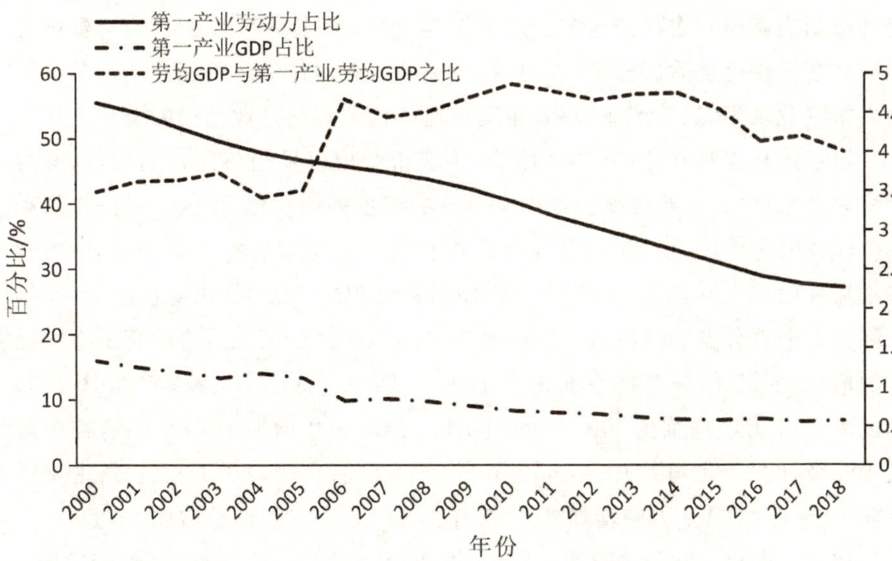

图 6-3 2000—2018 年间重庆市经济结构的变化

资料来源：《重庆统计年鉴 2019》。

由此可以发现，重庆市的第一产业仍然聚集了大量的劳动力无法顺利转出，这导致第一产业的劳动生产率远远低于重庆市总体的劳动生产率。劳动力无法顺利转出的原因有很多。第一，农业劳动力呈现老龄化趋势，而老龄化的农村劳动力在转出时面临诸多障碍，这使得这些劳动力难以转出。第二，由于地形的限制，重庆市的农业生产还没有大规模实现机械化操作，因此对劳动力需求较大，这也阻碍了劳动力的顺利转出。第三，外出的第一代劳动力逐渐开始回流，有的进入乡村就业，这就进一步增加了农业劳动力。由此可见，对于重庆市来说，缩小农业部门和其他部门之间的劳动生产率差距任重道远。退耕还林或许是一个提高农村劳动生产的有效途径。

（三）退耕还林和农业结构演进关系的实证研究

退耕还林实际就是在改善生态环境的基础上顺应市场经济规律，提高土地利用率，建设高产稳产农田，促进龙头企业的兴起，发展主导产业和支柱产业，加快农村产业结构调整的步伐，实现产业结构优化配置，促进地区经济发展。退耕还林工程的实施，以一个强大的政策性外力，强制、有力地促进了农业种植结构调整和农村产业结构逐步调整，改变了多年来农业结构调整难的困境。在退耕还林后。资金、人力、物力由种植粮食作物向种植业内部其他作物向畜牧业及第二、三产业转移，实现农业结构及农村产业结构的调整。

退耕还林工程从 2000 年实施后，重庆市政府借助退耕还林的契机，努力调整农产品结构，逐步改变长期以来单一的粮食种植结构，扩大了经济作物和其他作物的种植比重。2005 年全市农作物播种面积 344.47 万公顷，其中粮食作物播种面积 250.13 万公顷，占农作物播种面积的 72.6%，比退耕前 1999 年下降了 7 个百分点。退耕后，蔬菜、水果等的总产量分别比退耕前有了不同程度的增加，2005 年蔬菜播种面积比 1999 年增加了 32.7%，蔬菜产量从 1999 年的 737.11 万吨增加到 2005 年的 890.47 万吨，产量增加了 20.8%；麻类产量从 1999 年的 6 826 吨增加到 2005 年的 12 362 吨，产量增加了 81.1%；水果产量从 1999 年的 71.7 万吨增加到 2005 年的 154.63 万吨，产量增加了 115.7%。水果和麻类产量变化最为显著。2000 年、2001 年、2002 年、2003 年、2004 年、2005 年重庆市水果产量分别比上年分别增长了 13.9%，1.1%、37.3%、13.4%、12.7%（资料来源：历年《重庆统计年鉴》）。

2000 年退耕后，耕地面积逐年减少，然而粮食总产量和单产水平却逐年增长。可见，退耕并未对重庆市粮食产量造成较大影响。相反，通过重组生产要素，粮食产量逐年增长，2005 年的粮食总产量、单产比 1999 年分别增长 2.2%和 17%，超过了退耕前的水平。

实施退耕还林给予退耕农户粮食、生活费和种苗造林费补助，为经济结构的调整提供了支持和机遇，有力地促进了农村产业结构的调整。实施退耕还林，促进了畜牧业生产快速发展。2005 年，年内出栏羊只数 306.18 万只，牛羊肉产量 100 106 吨，兔肉产量 21 935 吨，牛奶产量 86 076 吨，分别比 2001 年增加了 67.7%、47.8%、114.8%、27%。2005 年，牧业产值达到 249.50 亿元，占农林牧渔业总产值的 37.7%。另外，退耕还林还带动了农村以种植业为主的农业生产向林果种植业、畜牧业以及第二、三产业的发展过渡，建立了工业原料林基地 110 万亩、柑橘基地 30 万亩、香料（花椒为主）基地 86 万亩、蚕桑基地 81 万亩、优质笋竹基地 51 万亩、干果基地 80 万亩、中药材基地 37 万亩等；吸引和培植了一批如"龙章纸业""星星建材""四面山花椒"等较具规模和影响力的龙头企业，提高了产业化程度，推动了森林旅游、森林食品、木竹加工、苗木花卉等林业产业的发展，加快了乡镇企业发展。2000 年实施退耕还林工程以来，产业结构有了明显改观，由退耕前 1999 年的第一产业产值所占比重 19.2%降到 2005 年的 15.1%，下降了 4.1 个百分点，林业产值从 1999 年的 115 588 万元增加到 2006 年的 223 069 万元，比 1999 年增长了 93%。三次产业结构由 1999 年的 19.2∶38.5∶42.3 转变为 2005 年的 15.1∶41.0∶43.9，2005 年重庆市非农产业比重为 84.9%，比 1999 年提高了 4.1 个百分点。第二、三产业生产总值增长较快，第二产业总值年均增长 19.8%，第三产业年均增长 18.9%，而第一产业年均增长才 10.3%。非农产业的发展，为转移农村剩余劳动力打下了基础。

（四）退耕还林对农业结构的影响路径

退耕还林（草），就是将耕地转化为林地（草地），使农业转化为林业。实行退耕还林，使农业的生产面积缩小，同时使林业（牧业）的生产面积扩大，大农业内部（农、林、园、牧、渔）的用地结构和产值构成都发生了变化。这变化不是机械的。用地结构变化不是简单地减少耕地增加林、牧用地，因为不同的土地用途所要求的配套设施不一样，如道路、基础设施用地等。退耕还林（草）后，农业（大农业）生产性总有效土地利用面积发生了变化（增加），农业用地结构的变化是以变化后的总有效土地利用面积为参照的。产值构成的变化也不是简单加减变化。退耕还林还草以后，农业生产要素进行了重新配置，农业生产结构发生了变化，不同的结构有不同的功能，农业结构变化了，其总产值也发生了变化，近期实际总产值可能减少，如果将未来的林业收入折现，有可能增加总产值。农业产值的构成由动态的总产值确定，而总产值又受其结构影响，有连锁反应。

7

退耕还林后续发展的影响因素

退耕还林工程是我国迄今为止政策性最强、投资最大、涉及面最广、工程程序最多、群众参与程度最高的一项生态工程。退耕还林涉及生态效益和经济效益、当前利益和长远利益、局部利益和全局利益的协调问题,但政策本身和执行过程将影响退耕还林的后续发展。退耕还林工程自启动以来,从国务院相关部门到地方各级政府再到具体实施管理部门,先后系统制定和出台了上百件政策文件。[①] 本章结合重庆实际,力图找出现行政策中和实施退耕还林过程中影响退耕还林的一些因素,从而为相关职能和决策部门制定退耕还林后续政策提供参考。

(一)林业部门管理的影响

退耕还林是基于公共产品基础上的一项生态工程,对于微观的实施主体必然缺乏利益驱动机制下的行为动因,因而各级林业部门的管理和监督是保障退耕还林工程顺利实施的关键。

政策是退耕还林工程顺利进行的制度保障和农户及基层政府的行动指南。对中国农户甚至基层政府来说,照章办事是他们一向遵循的原则,这种情

① 可参见国家林业和草原局发布的相关政策文件:http://www.forestry.gov.cn/main/134/index.html.

况尤其表现在农户身上，领导怎么说就怎么做。然而，多变的政策导致基层政府对农户的“指导”处在不断的变化中，加之农业生产的时间和季节特性，使得农户的生产结构调整速度远远赶不上政策的变化速度。如2003年年底，中央政府突然决定2004年新增退耕地面积指标由2003年的5 000万亩大幅度压缩为1 000万亩。由于造林具有季节性，很多地区在上年秋季就开始第二年的整地造林，政策的突然调整导致各地措手不及，一些农民不得不将已经整理的土地复垦，但仍有很多地区错过复垦季节。这样的政策变化使农户对政策的稳定性产生怀疑，并导致农户一方面具有在政策实施期间的短期利益倾向，存在机会主义行为；另一方面出于增收的忧虑，对政策前景有一定的不稳定预期，甚至存在危机感，难以形成投资林业特别是投资收益期较长的生态林的激励（王治海，2006）。

从短期收益看，退耕还林使部分农户承受较大的机会成本（这里的机会成本就是种粮户的粮食种植收益的损失）。问题的原因在于，退耕还林政策在执行过程中对退耕地质量的管理存在时空上的差异，即退耕地有劣等地和优等地（劣等地和优等地是相对而言的，如某区域的劣等地可能是另一区域的优等地），且随着退耕还林工程的持续推进，一些地方的退耕地也由劣等地逐步发展为优等地。因此，这必然面临对一些地方的退耕户粮食补助严重不足的情况，使其基本的生存面临严重威胁，从而对退耕还林产生抵触情绪，影响工程的实施和后续政策的持续有效进行。

从长期收益看，国家要求退耕还林地80%为生态林，这样一来，退耕户从生态林上获得的收益将不复存在，而国家补助又有限，这就导致了国家的政策同部分退耕户长期的预期收益之间的冲突。

基于国家的角度，退耕还林还影响我国的粮食储备。退耕还林工程实施以来，我国的粮食产量连年下降。我国粮食年产量从1998到2004年分别为51 230万吨、50 838万吨、46 218万吨、45 264万吨、45 706万吨、43 060万吨、46 947万吨。1998年，我国粮食产量达到历史最高，但此后连年下降，2003年粮食产量仅为43 060万吨。过去5年，我国人口仍在持续增长，粮食安全问题十分严峻。1998年我国人均粮食411千克，2003年人均粮食降到了333千克，只相当于20世纪初80年代初期的水平。尽管有相关研究表明，退耕还林并不是影响我国粮食减产的主要原因（东梅，等，2005），但是国家储备粮的减少对退耕还林政策的实施还是形成了一定的压力。

由于退耕还林的生态效益基于的是中央政府的一种公共产品，而地方政府和农户对此存在明显的负外部性，从而必然引起前者与后两者的利益冲突。

对国家而言，退耕还林工程具有公共生态效应，追求的是生态效益。退耕还林工程实施以来，全国森林面积增加了 660 万公顷，森林覆盖率增加了 11.66%，水土流失和土壤荒漠化得到有效抑制，基本达到了工程的预期效果。

对于地方政府而言，退耕还林政策忽视了地方政府的利益需求，这不仅对地方政府在退耕还林中的生态贡献补偿不足，而且加重了地方政府的工作负担和财政负担，对地方政府缺乏激励。退耕还林政策规定退耕还林地方所花费的检查验收、兑付等费用由地方财政承担，增加了地方政府退耕还林的执行成本，使当地本不富裕的财政更加不堪重负。工作经费及负荷问题已成为困扰基层林业工作部门的难题，随着退耕还林工程覆盖面的逐年递增，这一问题也逐步凸显。

对退耕户而言，退耕存在着短期行为。由于重庆耕地以山地和坡耕地为主，种植经济作物收益高于短期内种植林木和政府补偿性收益之和，退耕还林的机会成本高。一般而言，林业用地的土地生产率小于耕地的土地生产率，农民将承担土地退耕用于林业经营所造成的净收益损失。倘若国家对农民退耕还生态林所承担的这一机会成本补偿不足，一旦国家工作重心转移，基层地方政府监督弱化，退耕还林后续发展会很艰难。

（二）林业税收和财政政策的影响

在退耕还林启动试点和逐步推进的过程中，国家针对该工程出台了大量的税收减免、优惠和财政补贴政策。这些政策在推进该工程的顺利进行和稳定发展中起到了至关重要的作用。但随着农业税的全面取消，这一针对退耕户的优惠政策便失去了意义，由此带来的是退耕户的间接利益损失。目前，对退耕还林的财政支持主要有中央政府的工程成本补贴和转移支付：一是近期的成本补贴不足；二是远期的期望补贴不够。退耕还林需要大量的资金投入给农民的补偿、造林补助、幼林抚育费、森林管护费、劳动力转移等需要投入较多的资金。目前对农民的补偿政策中只有粮食补偿和苗木补助，影响退耕还林的后续发展。农民退耕还林的积极性，既来自近期国家的钱粮补贴和林产品收益，更源于预期的直接经济收益。重庆 90%退耕还生态林，而生态林在一定时期内没有收益，农民缺乏退耕还林的动力。这会造成农民预期收益的不确定性。尽管退耕还林地的承包经营权可依法转让，但人们希望拥有产权的实质是为了获取产权带来的直接经济收益，生态林为主的退耕还林地不仅经济效益低、外部性强，而且其使用权还受到国家诸多政策法规限制，市场交易很难实现。国家亦没有制定出有关生态林收购的政策和措施，这必然会增加营林的机会成本和投资风险，从而进一步削弱对农民退耕还生态林的激励功能。

林业不同于农业，农民耕种农作物的历史长，对其常规的经营措施熟悉，农民对树木的生物学特性普遍比较陌生，他们非常希望得到技术指导，又由于单个农民退耕面积较少，单个去请技术员费用昂贵，这就需要政府来承担。由于受林业粗放经营传统观念的影响，地方政府对林业技术推广工作的重视程度不够，以致科技支撑经费缺乏，影响退耕还林效益的发挥。兼用树种和经济林树都对技术要求的较高，如果农民得不到政府的技术培训和指导，则政府宣传的预期效益不能实现，退耕还林得不到后续发展。退耕还林不是一退了之，退耕后还要有大量的投入。农民经济收入本来就非常低，仅靠农户个人的投入肯定不能满足退耕还林的需要。如果投入不足使退耕地不能实现高效利用，即使还了林(草)，也由于成活率(保存率)低，林木生长不好，经济效益表现不出来，从而难起到保持水土、改善生态环境的作用。因此，政府应建立后期扶持资金，继续给予退耕户资金、技术扶持。

(三)林地权属的影响

林权是现代林业经济制度的核心，是所有林业经济权利的基础和起点。作为一种长期的激励机制，产权制度的安排，在退耕还林工程实施过程中，林木会在很大程度上影响退耕户的经济行为，甚至起到决定性的作用，进而影响或决定退耕还林工程后续发展和质量巩固。

在法律上，林权是指林地、林木的合法所有者拥有在法律规定范围内独占性的支配林地和林木的财产权利，林权所有人可以依法对其所有的林地、林木行使占有、使用、收益和处分的权利(孔凡斌，2008)。具体来说，林权是林地权和林木权归属的问题，是一系列权利的组合，包括林地所有权、林地使用权、林木所有权、林木使用权、林产品所有权、林产品使用权、管理权、砍伐权、砍伐审批权、经营权和继承权等(温世扬，2008)。

前面已经论及退耕还林是一种生态工程，是生态产品的提供与实现过程，它具有明显的公共产品特性，即消费上的非排他性、非竞争性等。因而，按照公共经济学的观点，将其采取私人产权的方式来界定难以实现其效率，而实践证明采取国家或集体产权的方式更是不可取的，并且从国家的一系列政策文件来看，更趋向于私有产权。这就留给我们一个疑问，私有和共有产权都是无效率的，该如何解决这个矛盾？

其实早已有许多研究者对这个问题进行了深入研究，相关部门也意识到了这个问题，并且采取了积极的政策：将产权界定为更有效率的私有产权，而通过国家补贴的短期激励和产权制度安排的长期激励方式相结合来实现私有产权和共有产权的结合。在《关于完善集体林林权制度的意见》中把林权是核心作为基本原则之一，并指出在确定土地所有权和使用权基础上实行"谁退耕，谁造林，谁经营，谁受益"的政策。在稍后颁布的《退耕还林条例》中更加明确规定："国家保护退耕还林者享有退耕还林地上的林木所有权。"这条例规定了农民对退耕土地上林木的财产权属关系。在 2003 年 6 月出台的中共中央国务院《关于加快林业发展的决定》中再一次提出进一步完善林业产权制度，并要求："要依法严格保护林权所有者的财产权，维护其合法权益。"2006 年，继中央一号文件明确提及集体林权制度改革之后，《国民经济和社会发展第十一个五年规划纲要》又在深化农村改革部分增加了"稳步推进集体林权改革"等内容。然而，本章认为，这种激励机制只是找到了切入点，但由于激励程度不够，导致农户短期行为的不稳定和长期的风险规避行为。

（四）森林采伐管理方法的影响

有效的森林资源管理制度和森林采伐管理办法，既是保护森林资源实现生态效应的有力措施，又是巩固和进一步发展退耕还林成果的重要保障。对于退耕还林地，林木采伐利用是退耕户获取经济收益的重要途径，也是退耕还林成果能否得到有效巩固的一个关键因素。根据《退耕还林条例》的规定，资金和粮食补助期满后，在不破坏整体生态功能的前提下，经有关主管部门批准，退耕还林者可以依法对其所有的林木进行采伐，但禁止在退耕还林项目实施范围内复耕和从事滥采、乱挖等破坏地表植被的活动。因此，在对退耕还林地块和林木资源进行采伐利用活动时，必须符合森林采伐利用有关法律法规和技术标准的规定，符合工程建设目标，不能造成水土流失和风沙危害；在采伐利用木材和竹材时，应保持退耕还林地块上一定的植被覆盖率；提倡科学和可持续地利用退耕还林产出的非木质林产品。

然而，随着国家对退耕还林地的粮食和资金补助陆续到期和林权的明确，退耕还林的采伐开始成为广大退耕还林者最为关注的一个问题。由于退耕还林中的生态林是相对于经济林的大概念,包含多个林种和大量的树种,其中的许多树种既可生产木材和竹材,也可提供各种林副产品和生态服务功能。为了兼顾工程的生态目标和退耕还林者的经济收益,巩固退耕还林成果,应视不同情况研究并明确退耕还林的采伐利用政策和技术规定。可先按照分类经营、分类指导的原则,对工程区进行生态重要性和经营目标的分区,然后,在保证不破坏林地生态功能的前提下,依据分区对退耕还林所形成的林地林木资源,分别采取严格保护、限制性利用、自主性利用的政策。此外,还需制定具体的实施方法和技术规定,保证采伐利用的各项相关政策措施落到实处。

(五)贸易协定的影响

随着我国加入 WTO,贸易协定的规则逐步深入各个领域,我们必须在全球同意的规则下展开竞争。国际木材市场积极涌向国内市场,冲击着我国的木材进出口贸易,打破了国内原有的市场平衡;同时,国外的资金、技术和管理等要素也逐步进入中国市场,对国内的企业和相关从业人员都构成极大的压力。但是我们必须清醒地认识到,加入世贸组织对我国的木材市场来说是利大于弊的。

首先,随着退耕还林工程的实施,我国木材采伐量逐年减少,而经济的发展使我国对木材的需求呈现持续增长,木材缺口逐年增多,而我国过去一直坚持的是出口导向性战略,木材的国际贸易仅仅是平衡我国国际贸易逆差的手段。据预测,中国木材市场需求量到 2020 年达到 8 亿立方米,其中有 2 亿立方米的缺口需要通过进口来补充。[①] 因而,加入 WTO 以后,我们可以更广泛、低价位地利用国际木材市场来弥补国内木材缺口。

其次,国外企业和资金在打破我国就业结构和木料投资市场的同时,也为我国廉价的劳动力外出就业和改善就业结构提供了市场,并使国内的闲散资金找到了对外投资的方向,为国内木材相关企业发展壮大、走出国门赢得了千载难逢的发展机遇。

---

① 资料来源:https://www.qianzhan.com/analyst/detail/220/180330－1e2ee94c.html.

(六)各利益主体不协调的影响

重庆人口密度大,人均耕地少,这决定了重庆实施退耕还林工程的艰巨性。在规划实施时,必须把国家要生态、农民要增收结合起来,实现可持续发展。退耕后土地的用途由耕地变为了林地,纳入林地管理。有的区县没有结合地方经济发展和农民增收来进行统一规划实施,以致农民后期增收难度大和面临品种调整等问题。有的地方片面强调集中连片规模治理,不从实际出发,没有考虑农民的吃饭问题,把退耕区域中的农民口粮田纳入了规划,从而出现了全退耕户和缺口粮田的问题。有的区县、乡镇没有根据本地区的土地状况和种苗准备情况申报退耕还林指标,对退耕后如何发挥效益研究得较少,缺乏长期战斗精神。上级政府在考核时没有把工程建设成效纳入考核内容,致使后期经营管护责任没有得到落实。

退耕还林工作涉及千家万户,地块分散,操作程序多,持续时间长,需要大量的人力、物力。目前,整个退耕还林工作从宣传发动到规划设计、签订退耕还林合同、种苗准备、整地造林、技术指导、检查验收、政策兑现、信访查处等工作都是由林业部门承担。如此庞大的工作量,需要一定的工作经费,但国家投入的经费都直接发放到农民手中,县级财政配套经费不落实,县级业务部门经费缺口大,乡镇工作经费严重不足,这就加重了基层项目管理的难度,一定程度上影响了工程项目质量,甚至诱发工程管理过程中弄虚作假、套取资金或向农民收取一定费用来弥补经费不足的现象发生。

(七)技术服务的影响

退耕还林工程不是一退了之,而是一项技术性很强的系统工程。对需要退耕的陡坡地,如何根据当地的自然条件、立地条件和社会经济条件选择合适的退耕还林模式,选择适宜树种,如何合理配置、高效利用退耕地,如何经营管护等是关系到退耕还林目标能否实现的重要保障之一。如果缺乏配套技术,就会导致植树种草效果不好,土地利用率不高,经济效益不佳,生态效益不明显,甚至得不偿失,严重影响农民退耕还林的积极性。《退耕还林条例》第 32 条规定:“地方各级人民政府及其有关部门应当组织技术推广单位或者技术人员，为退耕还林提供技术指导和技术服务。”从理论上，地方推广单位和技术人员的水平以及对技术人员的管理水平决定了技术指导的成效。经调查分析，影响技术服务不到位的因素有：(1)学习、培训机会少，影响了县级、乡镇级技术人员的技术知识更新；(2)缺乏利益激励，县、乡镇级技术员工作技术指导不到位；(3)技术人员数量不能满足农民的需求，大部分农民依然靠自己的经验和传统方法进行还林还草；(4)技术复杂性使技术指导成效难以完全发挥；(5)配套技术缺乏资金和组织支持，使技术效果低效或失效；(6)由于植被恢复是一个生态演替过程，要求跟踪式技术指导，但目前多局限于种植当年的指导，技术的复杂性被简单化，无法实现设计模式的预期效益；(7)检查和监督是事后监督，对技术指导过程缺乏监督；(8)一些大型生态项目主要由领导拍板批准，没有技术人员进行有效的可行性论证。这些因素影响了退耕还林的长远效益，并有可能造成长期造林不见林。

(八)劳动力转移压力大的影响

实施退耕还林后，剩余劳动力增多，农村的就业压力加大，如果不能保证劳动力的有效转移，一方面会导致农民生活水平降低，另一方面也会带来严重的社会问题。

以种养殖业为主的第一产业，在中国经济结构中的作用，基本表现为就业“蓄水池”：当第二产业和第三产业吸纳就业能力下降时，第一产业的就业弹性就升高；当第二产业和第三产业吸纳就业能力提高时，第一产业的就业弹性就会下降。每当城市就业机会减少，大批流动农村劳动力首先被排斥出去，被迫回到农村中。现在，重庆农民纯收入中有46%都来源于外出务工收入，就业形势好的时期也就是农民收入提高最快的时候，而就业形势差的时期也就是农民收入变得困难的时期。所以退耕以后如何培育新的后续产业，加快农村剩余劳动力转移，是当前该市退耕还林与经济发展协调的最大难题，也直接关系到是否真正能实现“退得下、还得上、稳得住、能致富、不反弹”。调查中，85%的人认为退耕还林后就业困难。

农民重视的是经济收益和眼前利益，退耕还林补助得到的好处比在土地上得到的收益更加高而稳定，更加保险，因而群众的退耕积极性就会提高。补偿政策停止后，生态林禁止采伐，其收益低于种植粮食的收益，如果剩余劳动力不能被转移出去，复耕将不可避免。对于经营经济林的农户，当出现林果收益低于粮食收益的情况时，也容易复耕。目前，有稳定经济收入来源的退耕户占所有退耕户数的 76%；短期内收入减少或无稳定经济收入来源的占所有退耕户数的 17.6%；退耕还林成果难以巩固的占全市退耕户数的 6.3%。

（九）结束语

退耕还林是农民拿出耕地进行植树造林而获得国家补偿。如果农民得到的退耕补偿大于继续耕种的机会成本，农户退耕的积极性就会提高；反之，农户退耕的积极性降低。实施退耕还林工程对农民收入增加的作用很大程度上要靠国家的补偿政策，而补偿政策的短期性又决定了退耕的社会经济效益不可持续。当退耕农民未形成稳定收入来源之前，社会和政府要倍加关注，着力营造退耕区自我发展的功能。

8

退耕还林后续发展对策

退耕还林后续发展包括林业生态、林业经济、退耕农民的经济水平等三方面的继续发展。林业生态继续发展就是退耕地的森林覆盖率要不断提高，林木蓄积量要不断增加，生态效益要不断提高。林业经济的继续发展包括林产品和林业产值的不断增加。退耕农民的经济水平的继续发展包括退耕农民的经济收入水平、生活水平、生产水平等要与社会经济同步前进。以上三方面组成一个互相联系紧密的有机系统，必须协调发展。国家对退耕还林又一轮政策性补偿解决了退耕还林后续发展的现时问题，为退耕还林后续发展奠定了一定基础。要真正实现退耕还林后续发展，不能单靠国家的政策性补偿，还应靠退耕农民自己。退耕农民的发展需要政府引导、政策支持、市场带动。因此，退耕还林后续发展要与基本农田建设、农业结构调整、土地整理、农村劳动力转移、培育区域性特色产业等结合起来，从根本上提高退耕区农民自身发展能力。根据党中央关于退耕还林、生态重建的方针和当前重庆市退耕还林的现状、主要问题，建议采取以下措施解决退耕还林后续发展的根本性问题。

(一)退耕还林后续发展监管机制

退耕还林的后续发展涉及退耕户的生活能源、劳动力转移、农民增收、基础设施改善、农村教育等，仅靠林业部门难以承担对退耕还林后续发展的支持，需要各有关部门协调共担。各有关部门应承担退耕还林后续发展相应的职责和任务，并纳入政绩考核，由政府部门制定其各有关职责的考核指标体系，实施对各有关部门的政绩考核，即由上级政府考核下级政府，直到乡（镇）级。由乡（镇）组织村对退耕地进行跟踪监测，监测退耕还林措施是否落实，幼林抚育是否到位，林地管理是否符合要求，等等。退耕还林后续发展的操作层在退耕农户，对退耕农户的支持、帮助层层（政府及有关部门）有责，其职责受到监管。这样，建立健全退耕还林后续发展监管机制，层层检查、督促。特别是农业建设项目资金的监督管理，地方人民政府可在进行农业项目规划和安排农业资金时应实行涉农部门集中会审制，确保农业项目向退耕还林工程区倾斜。区县人民政府在落实退耕还林建设内容时，应与涉农部门签订目标责任书，明确各部门在退耕还林工程建设中的责任和义务，并对部门主要负责人实行任期目标制，以确保工程区稳定发展。

（二）退耕还林后续发展技术保障机制

退耕还林后，农业结构发生了变化，相应的农业生产技术结构也有所应变化，这个技术结构的变化应付出成本。农民以前只经营农业，有农业生产的技术；退耕后，要经营林业，没经验，没技术，没有钱学技术，也不知道到哪里学技术。农民是技术的主要使用者，林业技术人员是技术使用过程的参与者。目前，技术人员缺乏，而农民又渴望得到技术支撑，退耕还林后续发展迫切需要培训技术员，培训退耕农民，普及推广林业生产技术。首先应加快对乡镇技术人员、专业协会技术人员和农村技术带头人的免费培训，不断壮大技术服务队伍；然后让所有技术人员到生产第一线免费培训技术和指导农民林业生产，解决农民迫切需要解决的问题。比如：农民栽植有经济价值的苗木，过去栽植品种不对路，要按适地适树原则对其进行品种改良；对没有嫁接的核桃、板栗等实生苗和品质差的经济林苗木，要及时进行高接换种，选择适销对路、经济价值高、品质好的品种，减少退耕农户损失；对栽植大面积的纯林地块，要通过补植补造改造成混交林，增加生物多样性，培育健康森林。除了技术培训，还需组建一个退耕还林后续发展技术咨询服务信息网进行资源整合，调动科研院校、各级技术服务机构和广大社会技术人才的积极性，让他们都参与到退耕还林后续建设中来，加强技术培训与交流，让科研指导生产，实现科研与实际的有机结合。技术培训费和信息网络建设费由政府出资，力争全面提高农民的实用技能，培养创新型农民，加快传统观念的转变，实现科学经营、科学管理。

(三)发展生态旅游

发展生态旅游,就是不进行任何人为的改造,在保持生态原貌的前提下,建设旅游线路和旅游设施。在生态旅游区只进行生态建设,不进行任何工业开发,不进行对生态环境有影响的其他开发。通过生态旅游,增强旅游者保护环境的意识;通过生态旅游,增强城乡交流;通过生态旅游,促进退耕还林后续发展。重庆发达的交通,为生态旅游业创造了条件。城市扩大,城市人口增多,到农村、到森林旅游的需求也越来越多,为发展生态旅游提供了市场。退耕还林后,农业生产对劳动力的需求减少了,剩余劳动力的又多了一去处——发展生态旅游业。

发展生态旅游拉动餐饮、商业、食品加工等相关产业的发展,改变退耕农民的收入来源(由种粮食单渠道收入改为种粮、林业、服务等多渠道收入),增加退耕区农民的收入,从而减轻政府部门的负担,促进退耕还林后续发展。目前,通过实施退耕还林发展的桃、枇杷、牡丹等基地分别在九龙坡区、合川区、垫江县建成了桃花节、枇杷采果节、牡丹节等,吸引了大量的游客,使农民的收入得到了较快增长。政府要做好生态旅游规划,把生态旅游纳入旅游景区配套线路,将旅游短线与旅游长线相结合。长线旅游主要接待外地游客。短线旅游(生态旅游)方便、旅游费用少,以便本地人常去休闲度假。各地应加快退耕还林示范区建设,培植具有不同观赏价值的森林景观,大力发展休闲旅游观光生态农业,促进"森林农家乐"的发展。

(四)适时进行商品林采伐

当生长着的林木对资源环境的需要阻碍其进一步增长时,立木蓄积增加率就会变小,有限的资源只能满足一定树木的一定生长,这就要求适时采伐,更新林地。树木的最佳轮伐期,还应考虑经济效益,如林木的栽种费用、木材的价格、适用与未来的成本收益的贴现率、有效木材随树木年龄增长的方式等因素。只要立木价值的年增量大于所放弃的立木价值的利息与新造林租金价值之和,就可让树木继续生长,否则就要砍伐。农民对退耕还林地开展抚育管理、加快林木生长的目的之一就是增加收入。在国家补助标准低的情况下,政府要通过政策引导增强退耕农户管护的积极性，在不破坏整体生态功能的前提下，允许退耕户适时间伐，允许对营造的生态林在可调整的范围内进行更新性的采伐，以便增加农民的营林收入和继续投资的积极性。对市场需求较大的木材，也应允许农户按照"以新林换老林"的政策，在可调整的范围内实行间伐。只要市场机制有足够的进入空间，就可以带动农民和企业投资退耕还林的积极性，从而促使退耕还林滚动发展。

(五)建立林地流转机制

退耕后整地、栽植只是整个林业生产中非常小的一部分工作，最为艰巨的任务是长期的资源管护和培育，防止森林火灾、病虫害、人为破坏、牲畜啃吃践踏，适时采取科学的经营措施，不同生长阶段保持适宜的栽植密度、冠形。很多退耕农户缺乏林业生产的知识，缺乏林业生产的技术，为了保证退耕还林(草)能够"退得下、稳得住、能致富、不反弹"，应针对以往一家一户管理或集体管理林地、林木效果差的情况，进行管护制度创新——推行集中管护模式。集中连片、面积成规模的退耕还林(草)地；对纯生态林部分，可采取承包管护的形式，成立专业管护队伍集中管护 3～5 年，由退耕农户以现金的形式转嫁管护义务；对兼用树种、经济林、速丰林，可以采取出租、转让、股份制等的形式引进业主进行集中管护，规模经营，提高造林质量。退耕农户既要经营粮食用地，又要经营林业用地，林地和粮食生产用地规模小且分散，经营管理成本高。单个农户退耕面积小，管护困难，要鼓励农民流转林地使用权，实施林地规模经营，降低林业生产管理成本。流转的办法与农地承包经营权的流转一样——实行有偿转让。退耕农户将退耕还林地转让给其他农户(或林业大户或企业等)，依据其对土地的承包经营权，收取一定的转让费。接包方付给出包方一定转让费后，获得对其林地的经营管理权、未来收益权。转让费的计算办法是：林地的预期收益折现，减去未来的生产经营成本、管理成本、风险金(根据自然灾害发生的概率计算)。要大胆推行技术承包制，让有技术的人集中承包经营退耕还林。接包方可进行专业承包(如专营果树、专营花椒等)，从而降低成本，获得超额利润。对于没有能力对退耕还林地进行后期经营管理的退耕户，政府要引导其进入土地流转市场。比如：对种花椒不经营以及栽桑不养蚕的退耕户，一方面，鼓励进行土地流转，实行业主承包集中规模经营，提高其效益；另一方面，结合本地产业发展调整树种，发展壮大工业原料林基地，为企业提供充足的原材料。

(六)发展退耕还林后续产业

退耕还林后续产业包括林业产业和非林业产业。林业产业包括林产品(用材林、经济林、果、茶、桑、药等)的生产和加工。特别应注意发展林产品加工业,林业产值的增加主要靠林产品加工增值,同时综合应用林副产品,使林业资源得到充分利用。林业产业是林业发展的导向,是林产品市场化的桥梁。政府部门要根据其本地林业资源的拥有量规划设计林产品加工的种类及规模,一定要杜绝林业生产的短期行为。对林业产业化要有政策导向,在税收、技术引进、招商等方面引导林业产业化发展。林业产业化不仅能增加林业收入,而且还能解决农村剩余劳动力问题,对于巩固退耕还林成果、促进退耕还林后续发展等都具有重要意义。非林业产业包括与林业产业化相配套的商业、服务业等。可在发展林业商业、服务业的同时,促进林业的发展,增加退耕农民的就业,增加农民收入。发展退耕还林后续产业,应把农民收入和第一、二、三次产业的发展相联系,多角度、多途径解决农民收入问题。但是,发展退耕还林后续产业,劳动力供给的数量和质量要与之相适应。要加快培养劳务经纪人,尽快建立和完善为农民就业服务的信息网络,及时为农村剩余劳动力提供市场信息,减少劳动力转移的盲目性和风险性。农民的科学文化素质不高,难以适应退耕还林后续产业发展的要求,各级政府要重点在农业技术服务、市场营销、劳务输出等方面给予农民智力支持,如重庆百万农村劳动力转移就业工程应该向退耕农户倾斜,使青壮年劳动力掌握一两门非农劳动技能,增强农民进入市场的本领,提高农村劳动力要素价格,拓宽农民增收渠道,使农民摆脱对土地的过分依赖。

(七)建立多渠道的投入机制

退耕还林后续发展花费时间长,所需资金大,单靠国家投入远远不够,还应建立多渠道的投入机制。一是重庆市退耕还林后续发展工作费用应该遵循市级财政投入为主、区县财政为辅的方针,要将工作经费概算到乡镇和村社一级,严禁基层无工作经费而变相克扣农民利益现象的发生。二是发行特种国债或生态彩票，建立巩固退耕还林成果专项资金，用于补植补造、基本农田建设、农村能源建设、生态移民、森林经营、接续产业发展等项目，解决种苗费不足，建设成效差和农民的吃饭、烧柴等问题。三是向企事业单位和城镇居民征收生态使用税作为退耕农户的损失补偿。退耕农户牺牲自己的土地来改善生态，他们应该得到补偿。目前，重庆市已经向城镇居民征收了垃圾处理费和生活污水处理费，因此我们也应该以法律的形式把生态使用税确定下来，形成人人都参与生态建设的良好局面。四是吸引社会资金参与退耕还林开发建设，鼓励城镇居民认养退耕还林，帮助退耕户脱贫致富。

第三篇

农村土地流转研究

我国农村土地实行家庭联产承包责任制极大地调动了农民的积极性，使农村充满了前所未有的活力。但是，随着现代化程度的加深，现代农业对规模经济的要求与现行的家庭分散承包土地制度之间的矛盾日渐加剧，这在一定程度上阻碍了现代农业的发展，农业增效、农民增收的难题难以解决，农民自发流转土地的矛盾和弊端日益严重。农业生产技术的提高、生产规模的扩大、劳动力的转移、城镇建设的扩张等都要求改革农村土地制度。对此，国家出台相关政策，即从2003年3月1日起，农民可以在自愿的基础上，依法有偿转移土地承包经营权。允许农村土地依法、自愿、有偿流转，是中华人民共和国土地制度的第三次革命（第一次为土地改革，第二次是农村土地承包制），是实现农村土地规模经营的客观要求，是降低农业成本、促进农村经济发展的客观要求，是农民增收、农村稳定的必由之路，是合理配置土地资源的有效途径。农村土地流转市场发展不完善，导致流转行为不规范、农民没有流转土地的积极性、农民的社会保障差、农村土地流转价格低廉等复杂性问题，也要求改革农村土地制度。农村土地制度改革的问题，主要是农村土地流转的问题。推进农村土地流转的问题，主要是解决如何建立健全农村土地流转市场的问题。对此，本篇讨论农村土地承包制度的复杂性问题、土地流转及其相关的问题——土地流转涉及的权利（所有权、使用权以及我国农村特有的承包权等）界定以及利益的合理分配问题，探讨农村土地流转市场运行原理及推进农村土地市场的对策，为农村土地流转提供参考。

9

农村土地流转研究概述

第一轮土地承包——家庭联产承包责任制(1978—1993 年):土地的经营权与所有权首次分离,农民以家庭为单位获得了土地的使用权、经营权,在其土地上灵活、自由地从事农业生产经营活动,在完成了对国家和集体的上缴任务后,剩余的产品和收入全归己有。第二轮土地承包(1993—2004 年):在坚持土地集体所有制的前提下,允许土地使用权依法有偿转让,允许转包、入股等多种形式发展适度的规模经营,提高农业劳动生产率和土地利用率。2005 年实施《农村土地承包经营权流转管理办法》,对流转方式、流转合同、流转管理做出了详细的规定,有利于建立合理规范的土地流转机制,有利于推进土地适度规模经营,有利于优化资源配置。

部分省土地制度改革的启示:

广东省于 2005 年实施《广东省集体建设用地使用权流转管理办法》,对集体建设用地使用权的流转范围、用途限制、流转程序和流转后的收益及法律责任等做了明确的规定。农村集体建设用地的使用权可以以出让、转让含土地使用权作价出资、入股、联营、兼并和置换等方式出租和抵押,集体建设用地可用于兴办各类工商企业、兴办公共设施和公益事业、兴建农村村民住宅。这一举措有利于盘活农村原有的建设用地,减轻对新增建设用地需求的压力,推进农村工业化、农业产业化和城镇化进程。

浙江省对于农村集体的非农业用地保留集体土地所有权、流转土地使用权,规范存量集体建设用地流转,严禁利用集体建设用地从事商贸和房地产开发。用地者通过一次性转让和作价入股取得集体建设用地使用权。集体建设用地流转所得收益全部纳入乡镇专户。

江苏省2007年实施《南京市集体建设用地使用权抵押操作办法》,明确集体建设用地使用权可进行贷款抵押,扩大了抵押主体的范畴,由乡(镇)、村企业扩大到所有使用集体土地的企业。建设用地使用者每年向集体土地所有者缴纳土地使用费,土地登记包括集体土地所有权、使用权和他项权利的登记。

从以上农村土地制度改革来看,政府在稳定家庭承包制的前提下,对现有的政策法规进行调整,完善土地流转的法制环境,培育土地流转良好的市场环境,通过产权市场化促进土地的流转,从而达到土地高效、合理、集约利用的目标。这是农村土地制度的创新,它将农村土地流转推向了市场。

(一)国内外相关研究及其意义

随着中国城市化进程的加快和社会经济的发展,"三农"问题逐渐凸显。如果中国的"三农"问题得不到有效解决,这不仅在很大程度上会制约中国在20世纪头20年实现全民奔小康的近期目标,而且也会从根本上阻碍构建社会主义和谐社会这一艰巨而宏伟的目标,更谈不上统筹城乡发展、统筹区域发展、统筹经济社会发展、统筹人与自然和谐发展、统筹国内发展与对外开放。土地问题是中国"三农"问题的核心问题,如何充分利用土地这一最基本资源,取决于这一资源与其他资源之间的最有效配置。因此,从提高农村社会生产力出发,有不少学者从不同角度提出了很多具有建设性的意见。

从国内学者研究现状来看,主要有以下七个方向:

(1)从农业产业结构调整、农业劳动力转移、农地社会经济功能转变和农地非农化市场制度供求失衡、生产要素价格作用机制两个方面分析我国农村土地流转市场形成机理,并在此基础上提出规范我国农村土地流转市场的一些建议。(2)从如何解决农民的社会职业保障这一角度出发探讨如何使农地流转集中,从而促进农地规模经营。(3)认为农地流转不畅的原因不在于流转制度和土地供给方面,而在于农地流转的需求方面,即有支付能力的需求不足,就此提出当前促进农地流转的重点应是大力培育企业家型的专业农户。(4)有学者指出农地流转的市场机制至少有利于真正落实农民的经济自主权,可以使经常发生的劳地比例失调及时得以调整,从而使农业生产力要素在总体上保持一个动态的优化组合,可以解除人们对土地投资特别是长期投资的顾虑。(5)通过考察农地改革历史、农地使用现状,在总结前人已有研究的基础上,认为要实现农地市场化流转,必须有两大前提条件:一是农地所有权和使用权明确分离,并以国家法律加以确定,同时加强执法力度;二是培养发展相关中介服务组织。(6)从农村土地的产权这一角度出发,总结农地市场化流转可能面临的一些障碍。(7)从构建农地市场化流转制度的基本原则出发进行研究和探讨。

从国外学者研究现状来看,Frischtak(1995)提出政府过度干预会影响土地市场,导致土地市场的低效率和对穷人的歧视,主张改革土地交易管理制度,认为好的土地交易管理须具备完善的制度体制。Gorton(2001)认为,鼓励农业生产的联合经营会减少土地交易的障碍,但如果没有清楚的土地所有关系和正式授权的土地证书,土地市场的功能仍然是微弱的。Macmillan(2000)认为土地可以在公开市场进行自由交易,但是在交易过程中会出现市场失效,造成土地利用的动荡,因此财政部门应支持政府干预市场以弥补市场缺陷。Brandt 等(2002)详细考察了基层民主对农村集体土地产权的影响,并且得出结论,认为在不同的经济环境下,村庄领导的行政决策会导致不同程度的农村集体土地产权,并分析了中国地方政府的农村集体土地调整行为以及官僚体制与农村集体土地租赁市场发育的负相关性。Krusekopf(2002)认为,中国大部分农村地区农村集体土地的重新分配是通过村集体行政配置的。他还分析了农村集体土地使用权流转市场发展缓慢的原因:一是农村集体土地产权制度不稳定;二是地方政府的干预;三是市场自身的发育程度。他进一步认为,中国一些地区的农户,为了保护其所种植的土地,不愿意支持中央政府进行农村集体土地制度改革,因而阻止了农村集体土地制度向市场化趋势演进。Prosterman(2013)发现,农户由于担心农村集体土地使用权不稳定而很少对农村集体土地做长期投资。Deininger 等(2011)认为,弱的或不完善的产权会导致土地的经常调整;对土地租赁权利和其他权利的限制将会弱化农户的投资行为,特别是长期的、保护土地的投资。另外一些学者认为,农村集体土地产权不稳定阻碍了农村信贷市场的发育。Kung(2002)讨论了农村集体土地使用权租赁市场的重要性,以及中国农村集体土地使用权流转市场发育缓慢的原因。

虽然各地采取各种土地流转对策,但是农村土地流转速度仍然比较缓慢,农村土地细碎化、分散化现状并没有得到实质性的改善,农村社会劳动生产率停滞不前,大量农村剩余劳动力没有得到有效的转移。从以上国内外学者研究情况来看,要进一步提高农村社会劳动生产率,就必须加快土地流转,彻底改变中国农村土地细碎化、分散化经营的现状,而要改变这种现状就必须成功有效地转移农村剩余劳动力。由于中国的农村土地承担着多重社会功能，其土地自始至终都是解放农村生产力和发展农村生产力最核心的要素资源。因此，在社会主义市场经济条件下，如果要从根本上盘活农村土地这一核心要素资源，就必须充分发挥要素资源市场配置功能，健全和完善农村土地流转市场机制，尤其是健全和完善农村土地承包经营权流转市场机制。这不仅有利于解放农村生产力和发展农村生产力，而且还可以实现资源更加有效的配置，盘活土地这一核心要素资源，激活农村劳动力这一最具创造力的资源，降低农村社会生产成本，提高农村社会劳动生产率，实现农民增收，缩小城乡差距，统筹城乡发展，统筹区域发展，对构建社会主义和谐社会具有重要的历史和现实意义。

（二）研究的基本思路、研究方法

1.研究的基本思路

在大量调查的基础上，系统地分析土地市场及农村土地承包经营权流转问题，考察农村土地流转发展的历史演变，提出健全土地市场与农村土地承包经营权流转方式。研究土地资源优化配置、农村土地适度经营规模、农村土地地价评估，为依法流转农村土地承包经营权提供理论支撑。用定性与定量相结合的方法研究农民增收、土地规模经营、农村劳动力转移、土地保护、农村土地承包经营权流转等相互之间的关系。在此基础上对城市化、土地承包经营权流转市场和农村劳动力转移机理以及解放农村生产力中的各种要素资源进行系统分析，为农村土地承包经营权流转提供市场导向与政策导向。构建农村土地承包经营权流转的区域差异框架，建立农村土地承包经营权流转机制，提出健全农村土地承包经营权流转的对策与措施。

2.研究方法

制度分析法。从农地制度变迁去探讨农村经济发展和农业科技进步，把农地制度作为农业经济增长的变量，探讨农地制度为经济创新活动提供激励，探讨农村土地承包制与农业生产力的辩证关系。以农地产出为价值，以农地制度分析为逻辑，探讨农村土地流转问题，构建农村土地流转市场机制，揭示农村土地流转对社会经济的影响。

系统分析法。把农地制度、户籍制度、科技进步、经济增长等看作一个整体，把法律、政治、社会意识形态等方面的非经济因素纳入农村经济研究的内生变量，探讨经济系统的制度因素和制度变化的方向，探讨技术变化和经济政策之间的互动关系。把农村土地流转看作是资源配置的内生因素，探求农村土地流转双方利益最大化。

实证研究法。本项研究以实地调查的资料（第一手资料）为研究素材，分析农村土地流转的起源和功能，分析农村土地流转的价格。本项研究的资料主要来自：组织大学生暑期对农户土地流转进行问卷调查；作者随机抽样实地调查；重庆市各区县关于农村土地流转的汇报材料。根据这些资料分析农村土地流转的问题与趋势，研究农村土地流转的导向与规则。

（三）研究的主要内容与结构

随着农业生产技术的提高和生产规模的扩大、劳动力的转移、城镇建设的扩张等，要求改革农村土地制度。农村土地制度改革主要是建立健全农村土地流转市场制度，本项研究主要讨论土地流转及其相关问题。本项研究系统地诊断了现行农村土地制度的问题，以马克思地租理论、土地经济学、土地管理学、制度经济学、土地法学等理论为依据，探讨土地制度创新的作用机制，论证土地适度经营规模，构建农村土地交易的价格模型，模拟土地流转方式等，为构建农村土地流转市场机制提供理论支撑。同时针对建设社会主义新农村的要求，系统地研究农村土地流转市场机制问题，以及农村土地制度改革研究的理论支撑，提出农村土地制度创新思路，建立农村土地制度运行新机制，为建立土地保值、增值等土地保护制度提供理论依据，为推进农村土地流转市场的正常运行提出对策建议。

研究的结构如下：

第一，概述。主要介绍研究的问题、研究的目标、研究的方法、资料特征及研究的基本结构。

第二，农村土地承包经营权流转理论。主要研究国内外对该问题的理论流派及评价。

第三，农村土地市场建立的必要与可能。从理论上和实践上论证农村土地承包经营权流转的必要性，从生产力水平和社会经济发展方面论证农村土地承包经营权流转的可能性。

第四，重庆市农村土地流转。探析农村土地承包经营权流转的制度变迁路径，分析土地制度对农村土地承包经营权流转的影响，以及对生产力发展的影响。

第五,农村土地流转问题。系统诊断土地制度及农村土地承包经营权流转市场的问题,研究农村土地承包经营权流转的区域差异框架和运行机制。研究农村土地承包经营权流转障碍因子,建立农村土地承包经营权流转市场机制。

第六,农村土地流转价格研究。研究地价评估指标体系,探讨土地的价值、使用价值及资源价值,研究不同用途的土地的各量化指标值在农村土地承包经营权流转中的应用,建立地价评估模型,为农村土地承包经营权流转价格的制定提供理论依据。

第七,劳动力转移与农村土地承包经营权流转。研究农村劳动力过剩与季节性短缺的矛盾和农村土地承包经营权流转与农民就业的矛盾,探讨解决矛盾的途径与方法。

第八,农村土地流转与土地适度规模经营。实证研究不同生产力水平下的土地经营规模,应用系统动力学模拟土地适度经营规模。

第九,农村土地承包经营权流转方式探讨。研究入股、土地银行、出租、转让等流转方式所需的环境条件。

第十,推动农村土地流转的对策。总结前面研究的成果,构建农村土地承包经营权流转的区域差异框架,建立农村土地承包经营权流转机制,提出健全农村土地承包经营权流转市场的对策与措施。

(四)研究的基本结论

本研究实地调查了农村土地制度运行现状与存在的问题,针对建设社会主义新农村的要求,研究农村土地流转市场化及其相关的问题,论证了土地适度经营规模,构建了农村土地交易的价格模型,模拟了土地流转方式等,从而得出以下结论:

1.农村土地承包经营权物权化,是土地市场理论的基础

农地产权"农户按份共有",是依照家庭人口规模和劳动力等分配标准,按照集体委托管理的原则,排他性的使用和享有土地权利。农村集体经济的每一个成员都拥有按份分割农地所有权的权利。农户获得农村土地承包经营权就获得了一份准所有权,这份权利可以合法继承或转让、抵押、赠送等。这个"权利"有排他性和垄断性,在社会主义市场经济条件下物权化、商品化,可进

入流通领域进行流转，按照市场规律进行农村土地承包经营权交易，依据地价理论指导这个“交易价格”。

2.市场经济要求农村土地承包经营权流转市场化

市场机制要求产权主体明确，农村土地承包制和《中华人民共和国农村土地承包法》明确了农村土地的各种权能主体，符合市场机制的要求，土地的各种权能必然要进入市场进行流转。土地流转是市场经济的要求，是生产力发展历史的必然，是生产力水平提高的客观需要。农村土地流转依赖于市场经济的发展和农村生产力的提高。为了实现土地流转制度建设的目标，需要建立健全农村土地市场，实行土地有偿使用制度和土地投资补偿机制，推动土地的合理流转，采取相应对策，加速流转进程。

3.农村土地流转市场需要有配套机制

要活跃农村土地流转市场，就需要增加土地供给和土地需求的激励机制。影响农村土地供给的主要因素是：农村土地承包经营者的非农收入是否稳定，农民的养老保险政策，农民脱离土地变为市民的能力等。就土地市场自身而言，尚不能克服这些影响因素，要培育土地市场，就要从土地市场外入手，制定相关措施，帮助农民增强脱离土地的能力，增加土地供给。影响农村土地需求的主要因素是：农业生产基础设施建设，社会资本进入农业的渠道是否畅通，农业产业化的进程等。要克服这些因素对土地需求的制约，就要有宽松的农业投资环境和配套的农业产业化促进机制。

4.农村土地流转的关键问题是农民退出土地后的稳定收入问题

农村劳动力、土地是农村社会生产力发展的最基本的生产要素，要把农民从土地的束缚中解放出来，就必须加快农村劳动力向非农产业转移和农村土地流转，实现土地规模经营。只有减少农民，才能富裕农民。要有非农业的就业门路，农民才能从“农地中走出去”，只有农民真正脱离农业，农村土地承包经营权才能流的出。只有第二、三产业发展，农民才可能从非农业生产中获得更大的利润，而且此种高额利润相对稳定时，农民不但不依赖于对土地的承包经营，而且也不希望为土地所束缚。如果农民的非农就业不稳、收入不稳定，他就会将土地作为退路，即使土地荒芜也不愿流转给其他人耕种。

5.农村土地市场化流转，是推进规模经营的有效途径

建立土地流转机制，允许土地适度向种田能手和开发业主集中，实行农业产业化规模经营，这不仅是农业走向市场化的需要，也是转变农业增长方式的需要。土地规模经营能有效解决农村土地细碎化问题。农村土地承包经营权流转的规模与土地市场有关。目前，农村土地市场不健全，土地流转靠私下流

转、人情流转、中介流转，流转双方信息不对称、信息不流通，农村土地流转的规模小，农村土地规模经营推进缓慢。建立农村土地流转实体市场，是推进规模经营的有效途径。

6.选择合适的土地配置方式和经营方式

农村土地流转的方式很多，这些方式都是农民在自发进行土地流转中创造出来的，对于推进农村土地规模经营有其固有的缺陷。解决这个问题的有效方法是通过市场(实体市场，有固定的土地交易场所)流转或通过中介流转。多种土地经营方式可以归纳为两种——农户规模经营和企业规模经营，使社会资本进入农业进行农业规模化、产业化经营。两种土地流转形式和两种土地经营方式还可进行不同的组合，推动土地的规模经营。

10

农村土地承包经营权流转理论

本章将以马克思地租理论、土地经济学、土地管理学、制度经济学、土地法学等理论为依据，探讨土地制度创新的作用机制，以期应用这些理论构建农村土地流转市场机制。

(一)土地产权理论

产权是指财产的各种权利的总称，是一种权利束。土地产权则是指有关土地财产的一切权利的总和，而不是一种权利，包括土地所有权、使用权、收益权、处分权，以及这些权能的细分与组合等。土地产权可以界定和分离，这些权利的不同组合构成不同的土地权能，这些权能在不同权益主体之间的排列组合又形成多种不同的土地产权组合形式或产权结构。农用地产权制度主要由集体所有权产权束、农户承包经营权产权束以及国家管理权构成。集体所有权产权束，包括土地所有权以及由所有权衍生出来的占有权、使用权、收益权、部分处分权等；农民承包经营权产权束，包括农民的使用权、收益权和部分处分权；国家管理权虽然不属于财产权，仅是政府的一种行政职能，但对于农用地产权和农用地价格影响较大，也应给予充分考虑。农村土地承包经营权是一种事实上的物权，不是简单的合同权利，农民获得土地的承包经营权，就拥有了农地产权。农用地产权有两层意义：其一是明确的法律意义，其二是与法律规定的权力相对应的经济意义。产权主体利益的体现要通过土地的流转才能最终完成。因此,农地使用权流转要求在法律上就各项权利给予明确界定,在经济上也要有相应体现,这是确定农地使用权流转价格的理论依据。

土地资源的稀缺性决定了土地产权的排他性,通过排他性,个人能独自拥有土地财产权(也可以同其他某些人共同享有土地财产的权利)而排斥其他人对土地财产的权利。土地产权的客观性、可分割性和排他性,确定了土地产权的可交易性。产权的排他性是现代产权制度的基础,对土地产权界定的合理性是以土地产权的排他性来衡量的。因此,必须根据土地产权的排他性规范来界定土地产权,明晰它的运作界区。

土地上附着的各种权利是土地市场的交易对象,土地市场的交易行为是附着在土地上的各种土地权利的转让。土地具有区位固定性,是不可移动的,但以它为载体的土地产权则是活化和流动的。权益主体的土地交易实质上是在经济上有效利用土地而进行的某些权利的交易,是权利的转让和移动,而非土地本身。

(二)地租理论

马克思认为,地租是直接生产者在生产中所创造的剩余生产物被土地所有者占有的部分。地租是土地所有权在经济上的实现形式,即地租是土地使用者为使用土地而向所有者缴纳的实物形态或货币形态的租金,其实质是土地所有者凭借土地所有权获取的土地收益。任何社会只要存在土地所有者和土地使用者就有产生地租的经济基础。从质的方面看,地租收益与土地的利用方式无关,是一种普遍的经济现象,只要存在不同的利益主体,只要发生产权流通,就存在地租。从量的方面看,地租的量与土地利用方式直接相关,并直接影响土地用途置换,从而影响社会经济发展。在土地使用权的流转当中,地租起经济利益诱惑和拉动作用,地租对土地利用的合理化、合理配置土地资源、合理进行土地流转具有指导意义。

地租是土地使用者为使用土地而向所有者缴纳的租金,是土地产权人凭借土地权利分享的一份生产成果。地租分为绝对地租和级差地租。绝对地租由土地产权的垄断所产生,级差地租是由于土地质量不同以及在土地上连续追加投资引起的劳动生产率的差别所产生的超额利润。土地的有限性和稀缺性为土地产权垄断和经营垄断提供了条件,使土地经营取得的超额利润的分配与土地产权相联系,而土地所有权与土地使用权相分离又使得土地所有者和使用者在经济上相关，地租就是实现这种联系的桥梁或手段。在我国社会主义公有制条件下，国家通过地租这一经济杠杆的应用，实行土地资源、资产计价和有偿、有限期地使用，不仅有利于在经济上实现国家和集体的土地所有权，而且能促进土地资源的合理配置和土地资产效益的充分发挥，从而推动社会主义市场经济的发展。

通过土地的承包经营权转让获得经济利益，是一种土地承包经营权流转形式。在封建社会，农场主把土地租给雇农而获地租；雇农接管土地使用权而获得使用土地收益中缴纳租金后的剩余部分。我国土地归集体所有，每个农户拥有土地承包经营权，在一定范围内农户通过承包经营权的转让，获得一定土地承包经营权权益收益；转入批量土地的农户则可以实施规模生产，获得可观的规模经济效益。在这种土地承包经营权的流转当中，地租起到了经济利益诱惑和拉动作用，更加促进了土地利用的合理化。地租可以使土地承包经营权流转的双方遵循一定的经济条款，履行双方的责任和义务，获得各自的利益，这是土地使用权流转的基础，是推动流转的一种内在驱动因素。

(三)地价理论

地价即土地价格，是指出让土地所有权应取得的补偿，或取得土地所有权所应支付的代价。马克思指出“资本化的地租表现为土地价格或土地价值”“土地价格无非是出租土地的资本化的收入”。地价是调节土地使用权流转的经济杠杆，它的合理与否直接关系到土地使用权流转制度建设。在土地使用权流转过程中，只有合理确定地价，才能解决土地使用权流转实际操作中缺乏尺度的难题，使土地使用权流转可以在不同使用者以及不同的经济实体之间进行。为了减少由于地价严重不合理而导致的纠纷，维持土地流转的正常秩序，必须在科学认识地租的基础上制定地价，有了准确的地租就容易制定土地的价格，有了能反映客观实际的土地价格，也就为国家确定农地使用权流转的价格标准提供了客观依据。

作为自然资源的土地，其价格是资本化的地租。但对已利用土地已凝结了人的劳动，有价值因素和价值价格。这样两个层次的价格因素——土地资源价格(即以“虚幻的价格”形式出现的“真正的地租”)、土地固定资产价格(即土地资产的折旧和投资利息)复合在已利用土地上构成土地价格。地价是土地流转中的主要参考依据，根据地价制定合理的规划方案和土地承包经营权流转价格,在推动土地合理利用的同时,切实有力地保障了农村土地承包经营者的基本利益。

估量和测算土地价格的基本方法有马克思的地租资本化法、纯收益资本化法、预期价值法和土地批租法等。尽管它们的内涵、使用目的及要求条件不同,但从基本性质而言,均可归类为地租资本化。土地价格是按照土地资源的原始价格及转让后土地使用权一定时期内的缺失所带来的利益损失,在外部市场指导下确立的价格。这种价格与市场的关系密切,随供需矛盾而发生变化,所以土地使用权流转的价格不是一个定值。

(四)社会主义市场经济理论

市场对资源配置起基础作用,使经济活动遵循价值规律,适应供求关系的变化,把资源配置到效益好的环节中去,并给经营者以压力和动力,实现优胜劣汰。运用市场对各种经济信号反应灵敏的优点,促进生产与需求的及时协调。要发挥市场机制在资源配置中的基础性作用,必须培育和发展市场体系。改革开放前,土地资源是按计划通过行政机关划拨调配的,这种无偿的、无限期、无流动的土地资源配置模式是建立在社会主义"无商品"的理论基础上的。在商品经济大潮中,该模式会导致土地利用率低下、土地资源浪费、土地"隐形"交易、土地利用决策缺乏灵活性、部门争地矛盾突出等现象。因此,需要培育土地市场体系,规范土地市场行为,确保土地资源的合理流转。

(五)生产要素优化配置理论

市场经济的发展推动了生产要素市场的发展。土地作为重要的生产要素,必须与技术、劳力、资金、信息等要素一样进行重组。土地是一种生产要素,在使用过程中体现其价值。所以土地能正常流转,并通过价值规律的调节作用,用经济手段促进土地资源的节约、合理和有效利用。土地有偿使用,能在公平竞争的市场环境中形成合理的地价,强化人们的土地价值观念,最大限度地防止土地资产收益的流失。

与其他要素市场相比较,土地市场发展相对滞后,农村土地市场的发育更为缓慢。农村土地价格杠杆对于土地资源的市场化配置有较强的引导功能,土地市场价格导向土地资源优化配置，导向农户的经营行为。

农村土地市场对农户经济收入的绩效引入农户经济模型：

$$Y=(PQ-\omega L-P_{m}M)+(\omega L_{w}+rA)$$

式中：Y—农户收入；P—农产品市场价格；Q—总产出；ω—工资；L—雇用劳动量；P_{m}—生产资料价格；M—生产资料用量；L_{w}—出卖劳动力量；r—土地价格；A—土地净出租量。

从模型中可以看出，土地净出租量以及土地租金（或价格）对农户的经济行为具有很重要的影响作用。当其他要素（农业生产资料、农产品及劳动力等）价格一定时，农户依据市场中土地的租金（或价格）来决定自己的土地租赁量（租入或租出），从而确定自己的农业生产规模、投入的劳动力量以及其他生产资料用量等。因此，在农村土地市场中，农户进行土地交易的决定因素之一就是根据市场中土地租金（或价格）以及自己该年的总收入来决定本年度进行农业生产的用地量。

随着产业结构的调整，劳动生产率的提高，非农产业极大发展，一方面，土地将向种田能手集中，另一方面，更多数量的农户对土地的依赖程度降低，并且有从农业转为（长期或阶段性）非农业的需求。因此，将会有更多农户的土地用于市场交易。农户是农村土地市场中的供给方，土地供给量是依据土地市场价格以及自己对地价的期望值来决定的。

（六）农用地价值理论

农用地是一个十分复杂的自然、生态和社会经济的复合体，是一种重要的自然资源，具有使用价值和价值，不同的土地具有不同性质的使用价值和价值。农用地价格应当真正反映土地资源的价值成分。但长期以来，对农用地价值功能及其价格构成的认识不足，注重农用地的经济收益价值，而忽视了农用地的生态价值功能、社会保障价值功能、社会稳定价值功能及其他价值功能，价格构成没有完全反映农用地的真实价值。

农用地经济生产功能表现为农用地是基本的生产资料，其内部和上层附着各种有用矿物和营养成分，在一定的自然条件和技术条件下能产出各种农作物，为人类提供各种食物。农用地是人类赖以生存的物质基础，是无法替代的农业生产资料。

农用地的生态价值功能表现为：农用土地不仅是一种土地利用类型，更是一个重要的开放空间，而且农用土地及农业生产过程也是生态系统的重要组成部分。就农用地实质而言，它首先是最基本的自然生态环境要素。农用地的生态功能主要表现为调节小区域气候，使环境有舒适感，降低气温及增加相对湿度，净化空气（播种的农作物通过光合作用吸收 CO_2 释放出氧气，减少空气中有害气体），净化水质（去除有机物和污染物离子），保持生物多样性等。若农用地生态环境遭到破坏，则整个生态系统的结构和功能将失去平衡，造成严重的生态问题，同时还会直接造成适合人们生存的开放空间的消失，影响空气质量，降低生活舒适度。近些年，频繁暴发的沙尘暴就是一个很好的例子。此外，农用地还具有对传统文化和地方特色农产品、地方特色经营方式的维持作用，具有独特的生态环境价值。

农用地的社会保障价值功能表现为对农民的养老保障、就业及择业退路的保障。社会保障制度是国家和社会依法对社会成员基本生活给予保障的社会安全制度。长期以来，我国的社会保障制度主要惠及城镇居民，尚无力顾及占全国总人口 70％的农民，农民的生存与发展主要依赖于农用土地。农用土地是广大农民的“衣食之源，生存之本”。所以农用土地的存在对农民具有社会保障的功能。农用土地的保障功能主要包括以下几个方面：

第一，养老保障功能。土地对农民的养老保障功能体现为：当农民有耕作能力时土地可提供产出以维持农民的生活；农民无劳动能力后，农民可以将土地出租给他人耕种而获得租金，由此来保障农民自己的养老资金。当前，农村的社会养老保险和城镇职工养老保险不同，采取的是完全个人账户，基金预筹方式，坚持的是农民自愿参加的原则，国家不对保险进行补贴，这就基本相当于商业保险。据统计，我国农村仅有不到 10％的人参加了养老保险，绝大部分农村老龄人口的养老主要是通过子女赡养和土地供养这个模式。但很多子女尽义务赡养老人时自己的资金也很拮据，很难实现这个义务。所以，在很大程度上，老人的养老保障就落在了土地上。养老保障功能是我国农民从农用地中获得的最重要的保障方式。

第二，就业及择业退路保障功能。土地是农民耕作的客体，是农民获得收益的最基本载体，它为农民提供了就业机会。现阶段，虽然我国有大量的农民进城打工，但由于我国城市的工作岗位有限，农民的受教育程度较低，在城市中只能从事技术含量较低的工作，就业压力大。农用地的存在可缓解农民的就业压力，让农民的就业有所保障。择业退路指的是农民可以自由选择在城市打工还是回乡务农。目前，农民工在城市中的社会地位较低，而在自己的村子里却可获得相对较高的社会地位。他们在城市的生存能力不强，加之户籍制度对农民进入城市有很大的限制。对土地的占有无疑减少了农民的择业风险，为农民职业选择提供了一条后路，也为农民的生存提供了保障。这表明土地对农民具有重要的就业保障。

第三，医疗保障功能。农民不能享受公费医疗，医疗费用的来源是耕作土地得到的收益，但这收益中可用作医疗费用的比例比较小，所以土地仅可以为农民提供少量的医疗保障。

第四，财产继承保障功能。2003年3月1日起实行的《中华人民共和国农村土地承包法》第三条规定：国家实行农村土地承包经营制度；第四条规定：国家依法保护农村土地承包关系的长期稳定；第五条规定：农村集体经济组织成员有权依法承包由本集体经济组织发包的土地；第二十条规定：耕地的承包期为三十年，草地的承包为三十年至五十年，林地的承包期为三十年至七十年；第二十六条规定：承包期内，发包方不得收回承包地；第一十七条规定：承包期内，包发方不得调整土地；第三十一条规定：承包人应得的承包收益，依照继承法的规定继承。根据该法律，我国农民享有对其所在集体组织拥有土地的长期稳定的使用权，若承包期内承包人丧失劳动能力，由其子女继续经营土地。一方面，子女可从上一代人那里直接继承其承包未到期的土地；另一方面，后代子女还继承了其作为该集体成员并有权使用该集体土地的权利。因此，土地对农民具有财产继承功能，不但保障当代农民生活，还为子孙后代提供了基本生存条件。

第五，资产增值功能。投资于土地能获得储蓄增值功效。由于土地的稀缺性、位置不可移动性，土地的产出能力随科技进步而不断增强，土地增值功能随着土地需求增加而不断扩大，其价格呈上升趋势。

第六，社会稳定功能。农用地生产出来的粮食和农副产品，不仅是我们生存的基础，也是工业、城市发展的基础。粮食问题是一个关系到国计民生的重要问题，“民以食为天，食以农为源，农以地为本”正是农用地为人类提供粮食这一基本生产要素的社会稳定功能的体现。同时，农用地是关系到我国经济和社会可持续发展的全局性战略问题，具有重要的社会稳定功能。

基于农用地的上述功能，借鉴马克思的劳动价值论、现代资源价值论和可持续发展理论等，土地价值来源于土地对人类的各项功能效用，土地价值取决于人类对土地的需求和土地的产出。因此，农用地价值应包括农用地的自然质量价值、生态环境价值和社会价值三个方面。价值决定价格，因此，对应农用地的价值有其相应的农用地价格，即农用地的自然质量价格、社会价格和生态环境价格。

(七)应用土地流转理论构建土地流转市场机制

农村集体内部的成员对其集体土地有承包经营权,这个"权利"有排他性和垄断性,在社会主义市场经济条件下物权化、商品化,可进入流通领域进行流转。以上理论,就是这个"权利"流转的依据。农村土地承包经营权流转还需要有市场,按照市场规律进行农村土地使用权交易,依据地价理论指导这个"交易价格"。要充分有效地使用农村土地,就需要应用以上理论建立农村土地承包经营权流转市场机制。社会主义市场经济体制是建立农村土地承包经营权流转市场机制的根基,"农村土地流转市场机制"的建立的制度基础是社会主义市场经济体制。

应用以上理论建立土地流转有形市场、创新土地流转中介服务,构建农村土地流转市场机制。"农村土地流转市场机制"的建立需要政府引导,政府构建土地流转管理体系,保障土地流转市场的正常运转。政府制定农业产业化发展的政策,吸纳社会资本投资农业,增加土地流转的需求;政府建立城乡统筹的农民养老保险制度,解除农民对土地的依赖性,增加土地流转的供给。这样能使农村土地流转市场供需两旺,活跃农村土地流转市场。建立地价评估体系,解决土地流转的公平问题、技术问题,从而规范农村土地流转市场。

新机制的运行,将推动农村土地规模经营,实现资源的优化配置,实施农业产业化,实现农业飞跃发展。

11

农村土地市场建立的必要性与可能性

依据上一章的理论分析，在社会主义市场经济条件下，农村土地承包经营权必然要进入市场流转。市场机制要求产权主体明确，农村土地承包制和《中华人民共和国农村土地承包法》明确了农村土地的各种权能主体，符合市场机制的要求。土地流转是市场经济的要求，是生产力发展的历史必然，是生产力水平提高的客观需要。农村土地流转的程序为"隐蔽—公开—政府引导"，下一步需建立规范的土地流转市场。

(一)农村土地流转市场化的必然性

自中华人民共和国初期平均地权，建立了农村土地以农民所有制为基础的家庭经营形式，农民的基本生活得到了保障，是农民的第一次大解放。从平均地权到平均分配——"队为基础，三级所有，一大二公"，取消了家庭经营形式，抑制了农民生产积极性的发挥，限制了农业劳动生产率的提高，阻碍了农村经济发展。实践证明，割断农业生产发展与家庭经营的联系，农业生产发展就会停滞。党的十一届三中全会以后，实施农村土地承包制，建立了以集体所有制为基础的家庭经营形式，重新确立了家庭经营的地位，解放了农民生产积极性，是农民的第二次大解放。农村土地承包经营制使农民有了充分的经营自主权，符合农业自身的特点，便于农户根据市场及时做出决策，有利于农户自主安排剩余劳动力和剩余劳动时间，符合"生产关系适应生产力发展要求"

的规律，把农村经济推向了崭新的高度，是农村经济发展的第一次大飞跃。这次飞跃使农民的身份、职业、经济地位等都发生了不同程度的变化，数万农民从土地中解放出来，进入新的领域，农民的经济收入不单纯靠农业，农民就业多元化，一部分农民走向了市民、走向农村城镇化。农村集体土地承包到农民手中发挥了两大功能——经济功能和保障功能。农民获得了土地承包经营权，也就获得了部分土地产权和准所有权，调动了农民生产积极性，提高了土地利用率，增强了土地的产出功能，增加了农民的经济收入。与此同时，农民获得了土地承包经营权，灵活机动地选择职业有了安全感，承包地成为农民的一份保险、一份福利，农民"进"可放弃耕作自由择业，"退"可守耕承包地，广开了生活门路，降低了生产生活风险，促进了农村剩余劳动力的转移。农村土地承包经营制，防止了两极分化，稳定了社会秩序，减轻了社会的负担，确保了社会安定。土地承包制是党在农村的基石，必须长期坚持。

但是，农村土地承包制也显露出地块细碎、规模狭小、市场竞争乏力等问题，阻碍着生产力的进一步发展，这又要求进一步改革农村土地制度。

农村土地流转主要是农民承包的耕地流转，在山地和丘陵占地区，耕地地块小，大多数的地块面积在一亩以下。农村集体经济组织向本组织内的成员平均发包土地时，把本来就小的地块进一步细碎化，一块多户，一户多块。比如重庆市农户户均耕地不足 5 亩，人均耕地仅为 1.16 亩，土地细碎化严重，单块耕地面积在 1 亩以下的农地占农地总量的 80％以上，耕地分散在 3 块以上的农户占比达到 60％。① 由于农户经营的地块分散和土地地块细碎化，极大地增加了农业生产成本（比适度规模经营生产成本高 3 倍）。如果农户的承包地限制在狭小的农户内不流转，则农地制度就落后于农业生产力发展的水平，农业生产力就难以进一步提高。如果农村土地不流转，在农村土地承包期间人地关系将发生很大的变化，很可能出现大片的荒芜土地和众多的无地农民。目前因"增人不增地""减人不减地"已经导致重庆市无地农民三百多万人。农地制度要适应农业生产力发展的水平，就需要农村土地流转。农村土地流转是农村土地承包制的一部分，与农村土地承包制长期稳定并不矛盾，与农村土地农户经营也不矛盾。我国建立的社会主义市场经济体制，农业是社会主义市场经济的重要组成部分，土地是农业生产最基本的生产要素，市场经济要求以市场配置土地资源，农村土地的商品属性已日渐显露，农村土地进入市场合理流转已成为大势所趋。因此，农村土地流转是市场经济的要求，是生产力发

① 资料来源：http://m.xinhuanet.com/cq/2019-02/28/c_1124173094.htm.

展历史的必然。

农村产业结构调整、优化土地利用结构是加速推进农村土地流转的内在吸引力。农产品供给由长期短缺变为总量基本平衡、丰年有余，农业的发展由资源约束转为资源与市场的双重约束，农业由解决温饱的需要转向适应进入小康的需要，人们对农产品的品种和质量有了更高的要求。因此，发展高质量农业，特别是在加入 WTO 后，国内农产品面临国际农产品市场的激烈竞争，农业产业结构调整的要求更为迫切。农村产业结构调整，是国际国内市场的需要，是市场行为。农村产业结构调整相配套的农村劳动力结构、用地结构、技术结构等都需要进行相应的调整。农村劳动力结构的调整通过劳动力市场进行调整，农村技术结构调整通过技术市场进行调整，那么，农村用地结构也必然通过市场进行调整。农村用地结构的调整通过农村土地流转来实现，显然，农村土地流转必然通过市场流转。所以，农村土地流转市场化是农村产业结构调整的必然。

土地功能转变是农村土地流转的内在动力。从全国各区域来看，东部沿海地区农村工业化、城市化水平高，农村土地功能有别于西部地区。浙江省农村土地流转的问卷结果表明，农村土地的社会保障功能效用达到农村土地总效用的 51.32%，高于就业效用（17.74%），直接收益效用即经济功能（28.70%），财产继承效用（1.25%），地产增值效用（0.77%），让渡土地后重新取得的交易成本（0.22%）（王克强，2005）。尽管当前农村土地经营收益十分低廉，然而由于农村社会保障制度的缺位，农民对于农村土地“钟情依旧”，这在一定程度上妨碍了农民对于农村土地的永久让渡，即流转土地的使用年限相对较短。而西部地区农村工业化、城市化水平低于全国平均水平，远低于东部沿海地区，所以西部地区的农民对土地的依赖性更强，更不愿意长期让渡土地承包经营权。重庆市实行城乡统筹，农用土地功能转变，即由社会政治稳定功能为主转为经济功能的最大化实现，农村土地的社会保障功能减弱，必然促进农村土地市场化流转。

（二）农村土地流转市场化的必要性

由传统农业向现代农业转变，由农地分散经营到规模经营转变，实现农业生产力发展的第二次飞跃，农村土地流转是一个关键环节。加强农村土地流转势在必行，这就迫切需要建立农村土地流转市场，通过市场调节土地资源的优化配置。

农村劳动力转移，要求农村土地流转市场化。农村土地承包制推动了农村生产力的发展，减少了农村对农业劳动力的需求。农村有 3/4 的劳动力剩余，农村剩余劳动力客观上要求转向第二、三产业，转向城市。但平均分配承包的农用地拖住了剩余劳动力的转移，大量的农业劳动力不能完全从农业生产中脱离开来向外快速转移。根据 2011 年的调查数据，虽然农村中纯务农的劳动力占比仅为 5.32%，但兼业劳动力的比例仍然高达 34.7%（吴培材，2019）。农村土地承包到户被封闭在家庭经营的狭小范围内，众多的农业劳动力与土地束缚在一起，有的农户兼业在城乡之间奔波，来回浪费了大量的物力和劳力。留守农业的劳动力与分担的承包地不平衡——有力无田种和有田无力种的情况同时存在。有田无力种与有力无田种的信息没有交流平台，有意愿转出土地的信息与对土地需求的信息得不到交流，使土地流转与劳动力转移不协调，阻碍了农业专业化、规模化、精细化生产，农地耕作粗放或荒芜。目前有多种土地流转方式，但都没有土地交易平台，以致土地流转人情化、简单化，土地流转没有进入市场化流转，交易不平等，流转规模小，流转进程缓慢。要解决以上问题，就要求土地进入市场化流转，就要求建立土地流转实体市场，提供土地交易的场所，加快土地流转进程。

土地资源优化配置要求农村土地流转市场化。土地资源的优化配置需要根据土地的区位、土地的适宜性、市场对农产品的需求这三者的完美结合来决策土地利用方式。不同的土地利用方式需要不同技能的劳动者，只有根据土地利用方式接纳具有相应技能的劳动者才能扬长避短，提高土地的生产力。现时的农地制度是人人有其田，土地利用者根据自己拥有的技术决策土地的利用方式，往往只能发挥土地的低效益，而不能发挥其土地的高效益。重庆璧山区璧城镇瘠薄的石谷子丘陵地对种粮食作物的适宜性差，这一劣势恰是种植花椒的优势，但承包这些土地的承包经营者只有种粮食的技能，没有种花椒的技术。这些土地的承包经营者将其土地承包经营权有偿让渡给花椒种植大户种花椒，其效益非常显著。要使最佳的土地利用方式与最佳的土地利用者相结合，就要求土地承包经营权按土地利用方式向其相应的能手流转，土地承包经营者向能发挥其技能的土地利用方式转移、向非农产业转移。这样既能充分发挥土地适宜性的优势，又能充分发挥劳动者技能的优势。劳动力流转要求相应的土地流转，劳动力流转已经市场化（可通过劳动力市场流转），土地流转也市场化（建立土地市场），使土地流转与劳动力转移相并而行。只有劳动力和土地都进入市场化流转，才能使劳动者与劳动对象重组，才能使地块归并与土地利用方式重组，才能使土地的用途与生产规模重组，才能使农业生产要素得到优化配置。

农村土地适度规模经营要求农村土地流转市场化。中国农村经济发展的第二次飞跃是土地规模经营，规模经营是农业生产力发展的客观要求，是农业经济发展的必然趋势，是我国农业发展的方向，是农业现代化的前提。规模经营能面对市场调整农业结构，能根据土地的适宜性归并地块充分发挥其土地适宜性的优势，能降低生产成本、提高规模效益，能实施土地整理、追加投入、获得土地的第二级差地租，能吸纳先进的生产要素提高产品的科技含量。重庆奉节县采取退耕还园的方式安置移民，对土地进行连片统一规划土地整理，统一技术规格种植柑橘，统一技术管理，分户经营，是政府组织农户联合组成的规模经营模式，效果良好，由此可见规模经营与农村土地承包制并不矛盾。规模经营与土地细碎化存在着矛盾，目前农户经营分散、零碎，在同一适宜性的连片土地上众多个农户的种植模式各不相同，由于农户生产技术和生产门路不同，农用地结构难以调整，先进的农业生产技术难以施展，难以规划农业灌溉等基础设施建设，土地资源没有优化配置，阻碍了农业生产力的进一步提高。解决这对矛盾的有效途径是通过土地流转市场化归并地块。农村土地规模经营与农村土地市场化流转交织在一起，没有农村土地市场化流转，就无法达到农村土地的规模经营。要在农业上引进先进的技术设备进行工业化生产、发展农业生产力、延长农业产业链、实现农业产业化，就要求农村土地规模经营，达到土地规模经营的途径就是土地流转市场化。

农业现代化要求农村土地流转市场化。传统农业向现代农业转变，要求农业分工逐步深化，要求将农业产业链延伸到第二产业、第三产业之中实现农业产业化生产。农业产业化要求传统的农业技术向现代农业技术转变，用现代物质技术来武装农业，实现农业工业化。农业工业化是一次大农业革命，工业化的农业是高度知识密集、高度技术密集、高效能的大农业，是农村综合发展的农业生产体系，这个体系强化了市场对农民和农村经济的导向，使土地利用者不但成为生产的主体，也成为市场交换的主体，土地进入市场化流转。农业工业化要求提高农业生产组织化程度，要求农业产业化链条中的各个环节实现规模生产、经营。这就要求调整农民的居住地点和居住条件，形成一个个较大的集镇，实现农村城镇化。农民在这里进行综合生产，少部分的劳动力直接用于农业生产，大部分的劳动力从事加工、销售等生产活动，农业劳动力的分工和农村人地关系等都发生了巨大的变化。伴随这一变化的是农业生产用地和农民居住用地的流转，实现这个流转的途径是农村土地市场。农村土地流转市场是农业通向农业产业化、工业化和城镇化的桥梁。

(三)农村土地流转市场化的可能性

农业生产力发展,要求农地制度创新,反过来农地制度创新又将促进农业生产力的进一步提高。农村土地流转市场化,是适应农业生产力发展水平的要求。农村土地流转有供给、有需求、有法律依据,建立农村土地流转市场的条件基本成熟。

农村土地有偿流转,兼顾公平与效益。农村土地承包制使土地所有权与承包经营权相分离。农村集体经济组织的每个成员都有权承包本集体的土地,农村集体成员获得一份土地承包经营权的同时,也获得了一份保险、一份福利,农村土地承包经营权物权化、价值化。物权化的农村土地承包经营权要求进入市场有偿流转,建立农村土地承包经营权流转市场条件成熟。农村土地流转市场的建立,为土地公平交易创造环境,真正实现农村土地有偿流转。通过土地流转市场公平交易土地,使土地转出方保留了农村土地承包经营权的"福利性、公平性",使土地转入方实施土地规模经营,提高土地利用效益,推动生产力的发展。

农村土地流转,有市场需求。随着生产力水平的提高和社会经济的发展,农民的就业门路拓宽,对土地的依赖性减弱,但土地所有权与经营权相分离还不够。获得土地承包经营权的农户并不一定每个都有能力经营土地,并不一定都愿意使用土地,悄然地出现了农村土地的承包经营权与使用权相分离,有将土地使用权转出去的欲望。随着产业结构的调整,劳动生产率的提高,非农产业的极大发展,土地将向种田能手集中。另外,由于农业生产方式、经营方式和农业生产技术革新,一些个人或企业有获得更多土地使用权进行土地规模经营的欲望。社会资本进入农业,增加了对农村土地的需求,土地的供给与土地的需求同时存在,土地流转顺理成章。加入 WTO 之后,中国农业面对世界农业的冲击,加之市场化因素的增多和市场经济观念的发育,给土地承包经营权的流转创造了一个有利的社会大环境。如璧山区股份制经营模式,就是在市场经济发展到一定程度的基础上出现的。由此看来,土地流转有市场供给,也有市场需求,建立供需双方交易的场所(土地流转市场)的条件逐渐成熟。

从整体上看,中国农村的经济正处在世界经济一体化的潮流之中,也给中国农村经济带来一个新的发展契机。而且中国的经济体制改革对于农村的传统模式产生了巨大的影响，固有的自给自足的自然经济已经有了诸多改变，这从中国农村经济发展的增长点上可以看出来。农民的生活模式和消费结构也已初步具有现代经济进一步发展的基础。毫无疑问，这种市场化因素的增多和市场经济观念的发育对于土地承包经营权市场化流转创造了一个有利的社会大环境。

农村土地流转，政策允许。1993 年国家出台了土地承包期延长 30 年不变的政策，“增人不增地，减人不减地”。在 30 年内人地关系将发生很大的变化，这就是农村土地使用权可流转的基础。“土地承包期延长 30 年不变”指的是农村土地承包政策 30 年不变，而不是指附着于土地上的权利主体不变，农村土地流转符合这一政策。我国土地使用权流转政策是十分慎重、逐步放开的，土地流转是逐步发展起来的。农村集体土地使用权流转从自发到合理有序流转、从少到多，完全是从我国农村生产关系和生产力发展要求出发的，国家先后出台了允许土地流转的政策和法律法规，使土地流转这一新生事物在广大农村发展起来，特别是在农村劳动力转移较多地区和发达地区。目前，农村全面实施土地适度规模经营的条件还不成熟，实现农村土地规模经营需循序渐进，逐步推进农村土地规模经营为农村土地流转市场的建立创造了条件。如何规范农村土地流转，建立一套有效的农村土地流转市场机制，是我们目前的首要任务。

农村土地流转，有法律依据。2002 年，国家颁布了《中华人民共和国农村土地承包法》，规定了“通过家庭承包取得的土地承包经营权可以依法采取转包、出租、互换、转让或者其他方式流转”。同时还就土地承包经营权流转的原则、土地承包经营权流转的主体、土地承包经营权流转的收益、土地流转的程序等做了相应规定。这表明，我国现行的法律法规与政策对于农村土地承包经营权的流转总体上持一种支持态度，而且对于“三农”问题的研究也正在逐步深入，有关的法律和法规正逐步完善，相关的政策也更符合中国农村经济发展的趋势和潮流。农村土地流转的制度基础初步形成，规范农村土地流转有法律依据。农户真正享有占有、使用、收益和处分四权统一的承包经营权一直是政策调整的方向。《中华人民共和国农村土地承包法》中关于农业土地产权一章，其趋向是试图将农村土地所有权落实到农户，并使其长期化。这为农村土地权益的流转确定了一个有利的上层建筑环境。稳定和强化农户的土地承包权，必然形成一种新型的土地使用权。这种充分意义上的土地承包权，权利界定是清晰的，占有它可以取得相应的利润，转让它要求等价的补偿，承包农户可以将拥有的承包权当作独立的交换价值进行流转。因此，只要存在产权明晰的农户土地承包权,农村土地承包经营权流转机制形成就势在必行。

农村土地流转的理论依据主要有土地产权理论、地租理论、地价理论和社会主义市场经济理论。

土地产权理论。马克思认为,经济流转是市场经济的必然结果,所流转的是经济价值。生产资料和生活资料的分配是经济流转中最主要和最重要的领域,而土地作为最主要的生产资料之一,它本身虽然不能移动,但土地的权利可以转移。土地权利流转是整个经济流转中极为重要的组成部分。土地产权是当事人对土地的一组权利(包括土地所有权、使用权、收益权、处分权等),这组权利是可以界定和分离的,能在不同权益主体之间形成多种不同的土地产权组合形式或产权结构。土地产权是土地市场的交易对象,土地市场交易行为是各种土地权利的转让。

地租理论。马克思认为,土地产权本质上是一种法权关系,而土地所有权在经济上的实现形式就是地租。地租是土地商品化和土地产权分化的产物,是近现代经济的重要范畴。在一定社会生产方式上,土地所有权必然通过地租来实现,即土地的使用必须是有偿的。土地的有偿使用是商品经济条件下,土地所有权和土地使用权相分离的产物,体现了土地所有者和使用者之间的经济关系。转让土地承包经营权获得收益,地租起到了经济利益和拉动作用,更加促进了土地利用的合理化。在我国社会主义公有制条件下,国家通过地租这一经济杠杆的应用,实行土地资源有偿、有限期地使用,不仅有利于在经济上实现国家和集体的土地所有权,而且能促进土地资源的合理配置和土地资产效益的充分发挥,从而推动社会主义市场经济的发展。

地价理论。马克思指出,"资本化的地租表现为土地价格或土地价值","土地价格无非是出租土地的资本化的收入"。作为自然资源的土地,其价格是资本化的地租,但对已利用土地的价格而言,因其在利用中已凝结了人的劳动,并具有生产费用,其中有了价值因素和价值价格。土地价格是土地资源价格(即以"虚幻的价格"形式出现的"真正的地租"——地价)和土地固定资产价格(即土地资产的折旧和投资利息)之和的资本化。对土地进行合理的量化估价,可以确定土地使用权的转让成本。地价是国家在制定大范围流转当中的主要参考依据,根据地价制定合理的规划方案和土地使用权转让价格,在推动土地合理利用和产生巨大经济利益的同时,切实有力地保障拥有土地使用权农户的基本利益。

社会主义市场经济理论。市场在社会主义国家宏观调控下对土地资源配置起基础作用,要发挥这个基础作用,必须培育和发展土地市场。改革开放前，土地资源无偿的、无限期的、无流动的配置模式，使土地利用率低下、土地资源浪费。加强土地市场体系的培育和发展，规范土地市场行为，是社会主义市场经济的要求，是土地使用权流转的保证。

农村土地流转，有国外经验借鉴。虽然国外很少使用土地流转一词，但类似于土地流转的土地交易的成功案例还是很多，尤其以法国的经验最为典型(马玉飞，2016；吕晖，2017)。20 世纪 50 年代，法兰西银行收购濒临破产的小农土地，转而出卖给经营有方的大农。20 世纪 60 年代，政府专门设立了“土地整治与农村安置公司”，直接进入地产市场，平均每年高价收购无活力农户耕地 7.80 公顷，加以整治后再转卖给有活力的农户。到 1978 年，该公司累计收购土地达 1 100.00 公顷，几乎等于法国耕地总面积的 1/3。同时，法国通过立法规定，出租农村土地的租约最短期限不得少于 9 年，并建立“调整农业结构社会行动基金”，对凡出租农村土地 18 年以上者予以重奖，凡出售土地者，可获得 35 年预备年金。在 60 年代初到 70 年代末的高峰时期，共有 54.30 万个兼业小农在领到离农终身年金后交出了 950 万公顷的土地。法国农村土地购买的案例，对目前重庆市乃至全国农村集体土地使用权流转有重要启示。50 年代的中介组织是法兰西银行，60 年代是农村土地整治与农村安置公司。通过中介组织的收购和转卖，法国的大部分耕地得到了流转。法国通过立法规定，出租农村土地的最短期限不得少于 9 年，使农村土地承租人能够放心地进行农业投入；法律同时规定，出租农村土地 18 年以上者予以重奖，凡出售土地者，可获得 35 年预备年金，保障了农村土地出租或出售者的利益。由于有相应的法律规定，规范了流转双方的权利和义务，因此减少了谈判成本和履约成本，降低了土地流转的交易费用。

(四)农村土地流转的导向与原则

坚持农村土地承包经营权流转，就是坚持党在农村的基本路线，就是发展生产力。规范农村土地承包经营权流转，需要建立一套有效的农村土地承包经营权流转机制。这个机制的导向是土地的规模经营，原则是农村土地使用权的规范流转。

农村土地流转的导向——农村土地逐步向种田能手、专业大户、企业业主、集体经济组织集中。农村土地实行承包制以后，农村土地流转正经历着一个循环圈：由统到分，再由分到统。农村集体(生产队)统一经营的土地使用权逐步流转到农户，开始是水(水田)统旱(旱地)包，后来全部发包。到第二轮承包，农户承包经营权 30 年不变。这是由统到分的过程，是农业生产力水平的客观要求。由统到分带来了生产力的发展，生产力提高的过程同时孕育着由分到统的趋势，由分到统是生产力发展的必然趋势，现正在经历着由分到统的过程。由分到统，也是一个逐步的过程，比由统到分的过程漫长得多。由分到统与由统到分逆向而行。有的地方出现了旱统水包，即农户将分散的零碎的旱地转租给业主进行有规模的统一生产经营，水田由农户分散经营。有的地方以承包地入股建立农业合作社，由农业合作社统一经营，农户按土地入股分红。一个农户的承包地不一定是一次性的全部流转出去，可能根据土地的适宜性逐步流转给不同的业主进行不同的生产活动。由旱统水包进一步发展到农户承包的土地全部流转出去，实现由同一业主(或不同的业主)统一经营管理。

土地使用权流转后的"统"与原来生产队的"统"性质不一样：

主体不一样——前者是农村集体(生产队)统一生产经营管理，而后者是专业大户、企业等业主。

经营模式不一样——前者是千篇一律地种植(一般是粮食作物)，而后者是根据土地的适宜性进行专业化生产。

生产目的不一样。前者是为了解决温饱种粮食，而后者是为了发展商品而生产。

生产技术不一样。前者是用传统的技术进行生产，而后者是用现代化的技术进行生产。

经营管理不一样。前者是集体成员共同劳动、集体管理、平均分配(按劳分配的比例较少)，而后者是按企业化的经营管理，追求利润最大化。

后者的"统"比前者的"统"发生了质的飞跃，不是返回，而是螺旋式的上升，符合事物发展的规律，使农业生产向农业现代化方向发展跨进了一大步。农业专业化、产业化、规模化是农业现代化发展的方向，农村土地使用权流转是农业现代化发展的基础。以《中华人民共和国土地管理法》《中华人民共和国农业法》《中华人民共和国农村土地承包法》等法律法规为指导，积极推进农村土地使用权流转，是做好农村土地使用权流转的工作方向。为了把握好这个方向，就要确定农村土地使用权流转的指导思想：创造农业投资的良好环境，吸引社会资本投资农业、开发农业，调整农业结构，提高农村土地经济运行的质量与效益，促进农村经济持续健康发展和社会全面进步。

农村土地流转是为实现农业现代化所做的一项基础性工作，这项工作涉及各级政府、农户，及社会多方面的力量，要使农村土地使用权顺畅流转而不越轨，就应坚持以下原则：

第一，循序渐进原则。由于各地的自然条件、经济条件有差异，导致各地的农村土地流转条件成熟度不一样，所以不能搞一刀切，农村土地流转既要规范，又不能千篇一律。有关部门要为农村土地流转创造条件，要根据各地农村土地流转条件成熟程度采取适当的流转形式和流转办法。

第二，有偿转让原则。农村土地使用权有偿转让，能促进商品经济的发展，能使土地使用者珍惜土地，能提高农村土地的生产能力。农村土地流转的价格很难把握，这就要求针对不同的地类、不同用途的土地确定相应的价格计算方法，真正实现农村土地使用权有偿转让。

第三，依法有序原则。农村土地流转要严格遵守《中华人民共和国农业法》《中华人民共和国农村土地承包法》等相关的法律法规，使农村土地使用权流转有方向性、目的性、合法性，使土地流转后的土地用途调整在允许范围内，将土地用途得到延续，使土地的质量得到保护或提高。

第四，平等自愿原则。农村土地流转是一种经济行为，双方应签订正式合同，明确权利与义务，双方的经济地位和法律地位是平等的，不能有欺行霸市行为。任何第三方只能是牵线搭桥，提供咨询服务，不能干预农村土地使用权流转的正常的、合法的合同关系。

第五，市场导向原则。农村土地流转应进入市场，由市场来调节农地的供求关系。要有中介服务机构把虚拟的农村土地流转市场变为实体的农村土地流转市场。中介服务的职责：提供农地供求信息，委托代理农村土地流转的相关事项，协助供需双方达成农村土地流转协议。

第六，资源优化配置原则。农村土地流转不能影响邻地的生产活动，要有利于资源优化配置，要有利于地力（土地的生产能力）的提高。要防止土地使用权流转后土地荒芜、土地粗放经营、地力下降。土地使用权流转后的用途调整，要符合农业结构调整的要求。

第七，流转有限原则。不管用什么方式进行农村土地使用权流转，土地权属主体不变（土地的所有权归集体，土地的承包经营权归农户）。农村土地流转的时段不能超过剩余承包期，农村土地使用权流转的范围可以是本集体内部农户、本集体外部农户、企业、公司、集体经济组织等。

12

重庆市农村土地流转

重庆市农村土地制度改革走在全国前列，2002 年市政协组织“大城市带大农村调研”，提出了农村土地流转；2003 年重庆市人大主持“重庆市山区全面建设小康社会现状与对策研究”，提出了要富裕农民，就要减少农民，农户土地规模经营；2004 年重庆市人大主持“重庆市农村土地承包经营权流转问题研究”，提出了建立农村土地流转市场，规范农村土地流转；2007 年重庆市政府重大决策咨询课题“重庆市农村土地制度改革研究”，为重庆市规范农村土地流转、促进农村土地规模经营等提供科学依据和决策参考。这些研究为推动城乡统筹发展发挥了积极的作用，为其他省市土地制度改革提供了参考。

改革开放 40 多年来，重庆市农村土地制度改革和全国一样，经历了第一轮土地承包、第二轮土地承包和土地流转走向市场化等三个阶段。重庆市农村土地流转起源于土地承包，发展于土地承包制 30 年不变，规范于农村土地承包法。重庆市农村土地流转经历了小心谨慎、私下隐蔽流转—大胆流转—正规流转，转出不收费(有的“倒贴皮”)—低收费—正常收费。土地商品化越来越明显，土地流转越来越规范。到 2016 年末，重庆市农村承包地流转面积达到 1 479.1 万亩，占家庭承包的耕地总面积的 42.4%，农村土地适度规模经营面积达到了 1 233.2 万亩。[①]

在经济文化较发达的地区，农村土地流转较早、流转率较高，转出者向转

---

① 资料来源：http://nyncw.cq.gov.cn/details.aspx? topicId＝678775&ci＝501&psi＝32.

入者收取一定的土地使用费。在经济不发达的边远山区土地流转率较低，土地流转一般不收费，有的除了上缴承包土地的各种税费外，还“倒贴皮”(接包方在接包土地上的劳动成果全部归已有，转包方还要给一定的补贴)。

(一)重庆市农村土地流转的类型

我国理论界对于农地流转内涵的认识不统一，常有混淆“流转”与“转用”的情况发生。总的来说有两种观点：一种观点认为，农地流转是农用地转为建设用地的过程；另一观点认为，农地流转是农用地在不同单位和个人之间转让的过程。然而这两种观点都有失准确，前一观点混淆了流转与转用的概念，农用地转为建设用地的过程应该称为转用，农用地的农用性质发生了变化。后一观点也存在不完整的地方。农地流转包括两个过程：发包过程和转包过程。发包过程是农地的初次流转，是农地由集体经济组织向农户的转移过程，是所有权与承包权的分离过程。转包是农地的再次流转，是农地在不改变农用性质的前提下由农户向其他单位或个人转移的过程，是承包权与使用权的分离过程。转包也称为农地流转(是本项研究的重点)，可以向本集体经济组织内的农户或企业流转土地，也可以向本集体经济组织以外的个人或企业流转土地。根据以上界定，农地使用权流转分为“农地转用”和“农地流转”，农地转用改变农地的性质，农地流转不改变农地的性质。农地使用权流转是相对于流转内容而言的，农地转用和农地流转是相对于流转的过程而言的，不同的流转过程决定了农地使用权流转的性质(农地的性质是否改变)。

农地使用权流转三要素：农地使用权流转主体、农地使用权流转客体、农地使用权流转的交易组织。

农地使用权流转的主体是供给主体和需求主体。供给主体是农地使用权流转中的出让方，即提供交易对象的单位或个人。按提供交易对象的差异，供给主体可分为土地所有者和土地使用者，分别提供土地所有权和使用权以及由此派生的租赁权、抵押权等。需求主体是农地使用权流转的接收方，即通过流转取得土地所有权或使用权及其租赁权、抵押权的单位或个人。

农地使用权流转客体是流转主体共同指向的对象。由于土地具有位置固定和不可移动性的特点，农地使用权流转时的交易对象并非土地本身，而是附着在土地上的权利，即土地产权。由于产权是多种权力组成的权利束，因此农地使用权流转的客体可分为农地所有权、使用权、抵押权、租赁权等。农地客体是附着在土地上的所有权、使用权、抵押权、租赁权等各种权能。

商品的交易是将商品集中到一个地点(市场),买卖双方到这个固定地点看货论价、比货论价,面对面地讨价还价。农地交易和一般商品交易不一样,不能将农地带到某一固定地点(市场)看货论价,农地本身的信息和农地的市场信息不像一般商品信息和商品市场信息那样流畅。因此,农地交易双方需要建立一座桥梁——农地使用权流转中介组织。这个中介组织应是由政府引导和管理的民间的农地交易组织。农地使用权流转交易组织包括交易载体和交易规则。交易载体是指交易的场所和监督机构及中介服务机构;交易规则是指农地使用权流转必须遵循的各项法则、制度和条例等。

农地使用权流转形式多样,常见的流转形式主要有以下几种:

第一,国家征用。由国家先将集体土地征为国有,然后再转为建设用地,这是目前法律制度下的一般转用形式,农地转用价格的表现形式是征地补偿费。

第二,集体土地出让。城乡经济发展过程中出现的一种农地转用方式,国家目前尚未出台相应的法规进行管理,仅有个别省份出台了相应的地方规则,农地转用价格是一种交易价格。

第三,转包。指承包方(即农户)将部分或者全部未到期的承包地使用权在一定期限的承包期内转给其他农户经营。转包后原土地承包关系不变,原承包方继续履行土地承包合同规定的权利义务。接包方按转包时约定的条件对转包方负责。

转包分三种情况:一是有偿转包,第三方取得土地使用权后,向原承包方支付一定转包费,但不支付土地上其他税费;二是无偿转包,原承包方由于产业发生变化,而无力耕种土地,将土地使用权以无偿方式转包给亲友或其他农户,第三方不需支付转包费,土地上的税费负担仍由原承包方承担;三是倒贴转包,原承包方不愿耕种土地,为了避免撂荒遭受社会舆论和传统道德的谴责,不仅不收转包费,而且向接受土地使用权的农户倒贴,土地税费也由自己负担。转包形式是当前重庆市农村土地流转中面积最大、比例最高的一种土地流转形式,全市通过转包流转土地占流转总量的50.33%。

第四,出租。土地承包人作为出租人将土地经营权随同附属设施租赁给承租人使用,由承租人向出租人支付租金的行为。出租的性质是债权而非物权行为。因而不改变土地承包关系。

出租两种情况:一是集体经济组织将村级所有或村民小组的机动地、果园的使用权租赁给个人或其他经济组织;二是农户通过集体经济组织的中介,将承包土地的使用权租赁给其他个人或企事业单位。土地使用权的租赁一般规模较大，从事专业化生产的项目多，租赁周期也较长。出租是目前重庆市农村分布最广的一种土地流转形式，全市通过出租流转的土地占流转总量的20.31％，仅次于转包。

第五，转让。承包农户经发包方同意，将部分或者全部未到期的土地使用权转让给发包方或本集体经济组织的其他成员经营。并且权利和义务同时转让。原承包方将承包地使用权转让给第三方，同时将土地承担的税费义务也一并转让第三方，原承包方仅仅保留土地的承包权，与承包土地除转让费外无其他经济利益关系，土地的使用权、收益权和税费负担全部转让给第三方。转让也分为有偿、无偿、倒贴三种，具体情况类似于转包。这种流转形式在重庆市农村土地流转中面积和比例相对较高，全市通过转让流转的土地占流转总量的17.18％。

第六，互换。互换也称互易，它是指承包方之间为方便耕种或者各自需要，对属于同一集体经济组织的承包土地的使用权进行交换。随之对换的还有双方的土地承包经营权。互换行为必须在集体经济组织内部的个人之间发生，同时互换时也必须要登记在案。互换时，农户为了农产品种植结构调整和扩大耕作田块规模的需要，将自己承包的土地使用权与相关农户以对等或约定差额数量的土地使用权相交换，双方承担的义务均不变。这种方式只发生地块等次高低的差额补偿。互换多发生在同一集体经济组织的农户之间，属于农户的自发行为，是土地流转初期比较流行的方式。重庆通过互换流转的土地占流转总量的8.67％。

第七，入股。指集体经济组织把农户承包地使用权量化为股份，或者由承包方将承包地使用权作价为股权，按股权入股农业企业，以土地使用权入股参与该农业企业的收益分配。入股时，集体经济组织把农户承包地使用权量化为股份，或者由承包方将承包地使用权作价为股权，按股权入股农业企业，以土地使用权入股参与该农业企业的收益分配。这种形式是近年来在全国各地发展比较快的一种土地流转形式。重庆的土地入股虽然也发展多年，但是仍不是土地流转的主流方式。近期，在农村土地“三变”改革的刺激下，一些地区开始了广泛的以土地入股的试点，如马武镇土地经营权入股试点，石柱土家族自治县中益乡坪坝村试点等。

(二)重庆市农村土地流转的主要特征

重庆市农村土地流转的主要有以下特征:

第一,流转速度加快。从实行家庭承包责任制开始到第一轮土地承包期结束,土地承包经营权流转就已出现,但流转是自发的、零星的,流转的组织性、目的性差,流转规模小,转出者主要是外出打工者,而转入户大多是为了增加粮食以满足自家需要和帮助亲戚朋友。实行第二轮土地承包之后,随着土地承包30年不变政策的落实以及农村经济结构的调整和农村劳动力的转移,农村土地流转的组织性、目的性增强,转入户有企业、工厂、规模化种植的专业大户等,流入土地的目的用于发展特定的产业或产品。农户转出土地使用权的对象由村民小组内延伸到村民小组外、村外、镇(乡)外。农村土地承包经营权流转速度明显加快。2016年重庆市流转耕地已占耕地总面积的42.4%左右,流转比例高于全国平均水平。

第二,区域不平衡。土地流转的比重"一圈"地区高于"两翼"地区、城郊区高于边远乡村。沙坪坝、九龙坡、江津、永川等在建设农业产业化项目中,流转土地规模大,一些地方成片达几万亩。交通发达的地方农村土地流转的规模较大,交通闭塞的地方农村土地流转的规模较小。例如北碚区歇马镇农荣村近公路地带参与土地流转的农户户均转出面积不足2亩,但转入户的规模多数都有好几十亩,远公路地带的农户则主要是邻户之间的流转,转入户多是为了种植蔬菜、粮食等,转入规模比较小,大多为1～2亩。

第三,有组织的流转。以往农村土地流转以农户间相互协商(一般是口头协议)转包为主,较为随意,不易集中。近年来,集体和专业合作经济组织在土地流转中发挥了重要作用,招商承包、股份合作等流转形式多数是通过集体有组织地流转,集体成为建立土地供求关系的桥梁。专业合作经济组织凭借其组织协调能力强、专业化水平高、市场信息灵、农产品品牌效应大等优势,积极参与农村土地流转。如渝北、江津、永川、合川等地进行总体布局,发展蔬菜、水果、花卉等基地,集中连片转包农户承包地几千亩,实行专业化生产。

第四,商企业进入农业。效益农业的发展和土地流转机制的形成,使一大批工商企业纷纷租用或转包农户的承包地,投资经营农业企业。全市各地都有工商企业投资农业项目,南岸、北碚、江津、合川等地的工商企业经营农业的规模较大,有的工商企业经营土地上万亩。在靠近城市的都市核心圈内,农村土地大约有 50%流向了农业产业化龙头企业，有 30%～40%流向了农业种养专业大户和农民合作经济组织。

第五，农业产业化带动。农村土地流转与农业结构调整相结合，与农业产业化经营相结合，一些农业产业化龙头企业和专业大户通过各种形式的农地流转获得农地的使用权，进行规模经营，发展市场时销对路的农产品。一些农户通过农地流转与农业产业化龙头企业联成一体，发展名、优、新、特农产品。例如，奉节县石岗乡两河、天星、鹿坡、田树等村的农户与重庆市德馨公司签订合同栽种直杆蓝桉建立香料基地，公司提供苗木和免费的技术指导，农户按公司的要求进行生产，其产品按合同全部卖给公司。这样带动了农业商品化、产业化、专业化、规模化生产。

第六，政府重视。农村土地流转是土地利用结构调整和农地规模经营的前提，在农村土地集体所有制条件下进行土地流转，没有样板，没有经验。重庆市各级政府在实践中不断摸索农村土地流转的路子，多次进行农村土地流转调查，发现问题，解决问题。2007 年 8 月，重庆市农村工作办公室统一制定了农村土地承包合同规范，各区县对农村土地流转进行了调研，制定了促进农村土地流转的对策措施。

土地规模经营受农民投资能力和土地细碎化等问题的限制，政府在农户与业主之间牵线搭桥，引进业主开发、规模经营土地，组织协调农户土地流转。如：璧山区丁家镇引进渝西、川渝等园林企业与莲花村农户签订农地租用合同，进行城市绿化苗木规模化生产，推进了莲花村土地流转(流转率达到 90%)。

各县调整农业产业结构，协调农村土地使用权流向专业大户和科技人员，改变传统的生产经营方式。如：铜梁区平滩镇华光村农民饶光富经村委会协调先后转包农地 60 亩发展果树，创建的“光富牌锦橙”市场畅销，带动了一批种植专业户。

农村土地流转发展至今，政府的职能正在发生变化，即由行政命令转变为协调服务。如：北碚区歇马镇充实农经站的力量，组建花木信息、技术、销售服务站，推动了土地流转和花卉生产经营规模化。

第七，业主观望。农村土地流转是个新生事物，很多企业把目光投向农业开发，但他们对这个新生事物的深浅把握不准，正式进入农业的投资者不多，大多在观望。首先转入农业的企业占领了土地级差地租的制高点——地块的区位条件好、交通方便等，他们针对市场需求充分利用区位优势调整土地的用途，进行产业化生产、规模化经营，获得了土地级差地租和规模效益。农户的传统种植技术和分散经营方式难以获得土地级差地租和规模效益。转入农业的企业得到优惠政策——退耕还林优惠政策、农业开发项目优惠政策、农业结构调整优惠政策等,使之获得了丰厚的超额利润。这使后继者羡慕,纷纷把投资的目光转向农业,寻找农业开发项目。但是,由于农业生产产品季节性、用工阶段性等特点,许多企业老板由经营其他行业转到经营农业没有经验,风险大,不敢轻易行动。在农村土地承包法出台之前,农村土地流转没有依据,地方性政策各地有异,时有变化,以致投资者举棋不定。在农村土地承包法颁布后,有些地方对农村土地承包法理解有误,宣传不够,贯彻不力,农村土地流转的交易成本过高,以致企业对进入农业议而不决。

第八,农民积极。在农村劳动力年龄结构中,40 岁以下者占多数,但绝大部分不从事农业劳动,进城务工或远离家乡从事第二、三产业。留守农村农业的劳动力绝大部分是 40 岁以上者,且分布不均,他们用传统的农业技术进行传统的、分散的农业生产经营,生产成本高,劳动生产率低。由于工农产品的剪刀差,农业劳动成果的比较效益低。农民种田的积极性不高,农村劳动力过剩与劳动力缺乏同时并存,大多数的农户对土地流转(包括流入和流出)持积极的态度,特别是级差地租比较高的土地流转给企业进行规模化经营,拥有那些土地承包经营的农户出租土地所获得的租金可以等于他们自己种粮食的收入(甚至还要高一些)——“乐得清闲,干脆把土地转出去,自己还可以外出打工、做生意等赚钱,何乐而不为之”。问卷调查显示,农户愿意对土地流转的理由如下:种田的效益不如外出打工(占 32.81%)、缺劳动力(占 25%)、土地转出去所获的收益比自己种合算(占 14.84%)、已有较高的非农收入(占 11.72%)、抛荒耕地要交荒芜费(占 9.38%)、其他(占 6.25%)。

(三)重庆市农村土地流转的趋势

农村土地流转正在发生变化,农民的市场意识和商品意识增强了,按市场规律流转土地承包经营权。以前,土地承包经营权转入大多是为了增加粮食产量(以满足自家粮食需要)和帮助外出打工的亲戚朋友;根据笔者的调查,当前农民转入土地的目的大多是为了发展商品生产(为了增加收入的占73.68%、为了满足自家粮食需要的占 13.68%、为了帮助亲朋好友的占5.26%、其他的占 7.37%)。以前盲目流转,土地使用权低价转出,事后后悔;而今,转出户要看市场行情、考虑土地预期升值,慎重决定土地使用权转出的期限。以前的邻里、亲朋之间的土地流转让实质上并不是一种完全的市场关系，且多数都无须正式的书面合同，同时不收费；而今，大多数有正式的书面合同(上面明确规定了转让的年限、租金及支付方式等具体事项)，是一种土地市场化的表现。农村土地流转市场正在形成，它将促进和规范农村土地流转，农村土地流转将由无序向农村土地承包法规范。各级政府正在规范农村土地流转，如奉节等县以农村土地承包法为依据，建立了"土地流转制度"。农村土地流转正走向规范化，随着经济发展的连带效应，农村土地流转将走向市场化，随之农村土地流转规模也将有一个很大的上升空间。

(四)重庆市农村土地流转的成效

随着农村土地流转，农业结构调整和农业产业化相应地也加速运转，一些龙头企业和专业大户通过农村土地流转获得农村土地使用权发展适应市场需要的、效益高的产品；一些农户通过转出土地使用权或以入股、联营等方式与龙头企业连成一体，发展名、优、新农产品。近年来，近郊农村土地流转约有50％的流向产业化龙头企业、30％～40％的流向专业大户。农村土地流转开启了社会资本进入农业的闸门，拓宽了农业投资渠道，促进了资金、技术、人才向农业集聚及产业的升级换代，优化配置了土地资源，大幅度提高了土地的产出能力，解决了有地不愿种、愿种而又没地种的矛盾，解决了土地细碎化、效益低的问题，促进了农村劳动力的转移，开辟了农业增效、农民增收的新门路。

第一，资源配置优化。农村土地流转满足了有农业新技术特长、有资金实力、有经营管理能力的专业大户集约经营土地的愿望，促进了农业生产规模化，促进了农业生产专业化分工，克服了家庭经营规模过小的局限性。如巴南、合川、渝北等地 30％的农户承包了 50％的承包地，发展种、养业，形成特色产业基地。农村土地承包不考虑土地的适宜性和农户技术特长(人均分配承包地)，拥有该土地使用权的农户没有相应的生产技术，不能在其土地上从事土地最适宜的生产活动；拥有技术的特长农户，对于他的承包地最适宜的生产活动又用不上，这样用其所短，弃其所长，以致农业生产低效益。通过土地流转，农户技术特长和土地的适宜性都找到了自己的位置——用其所长、避其所短，实现了土地资源和劳力资源的优化配置。农村土地流转，壮大了一批农业专业户，粗放耕作的土地、闲置的土地、半闲置的土地向专业大户集中，使专业户拥有的先进农业生产技术得到推广应用。专业户投资土地整理，使细碎化的土地连片集中;专业户调整土地的用途及利用方式,使土地的适宜性得到充分发挥,实现了农业生产要素的优化配置,提升了土地的利用价值。例如,丰都县外出打工的农民学会一技之长回到家乡,通过农村土地流转大搞开发农业,形成了养蚕20张以上专业户100户、种烤烟10亩以上的专业户500多户、药材和养殖等专业大户198户。

第二,农民走向市民。农村土地流转,改变了农村劳动力的技术结构,促进了农村劳动力转移。农村土地流转,同时带来对劳动力需求的减少和对劳动力需求的增加。土地流转归并了土地,实施了专业化生产、规模化经营,提高了劳动生产率,大大减少了土地上对劳动力的直接需求。土地流转后的农业生产并不是简单的土地归并,而是调整土地用途,实施农业产业化、商品化生产,加长了农业产业链(农业产业链延伸到第二产业和第三产业),对劳动力的需求大大增加。土地流转改变了土地的利用结构,流转前一般是种粮食,流转后的利用结构(根据抽样调查推算)为:种粮食45.5%、种蔬菜10.7%、种果树14.0%、种花卉苗木16.3%、畜牧业0.9%、渔业4.8%、生态农业1.2%、农业企业2.2%、其他4.4%。农业结构同时变化,农业劳动力技术结构也发生了变化,农业劳动力转移方向也发生了变化——由原来的一致南下打工变为内地就业。例如,璧山区农村劳动力转移率52%,在转移的劳动力中52.27%的属于县内转移,其转移去向为:农业内部8.34%、第二产业55.2%、第三产业36.44%。土地流转之前,由于劳平耕地少和非农就业不稳、就业门路窄,农民被承包地"套脚"走不出承包地,农民的居住地与生产地、劳动地连在一起,常处于失业、半失业状态。农村土地流转后,农业小而全的分散经营变成了工业化的规模经营,农户扔掉陈旧的、落后的劳动工具,到业主那里务工使用业主提供的专业化生产的新工具,农民变成了农业工人;农民的就业门路拓宽,居住地、生产地、劳动地开始分离,随着农村城镇化住进城镇,农民变成了市民。

第三,农村经济增效。农村土地流转把农村、农民、农业引向了市场化轨道,使农业走向专业化、商品化、现代化,实现了农业增效、农民增收。以前,农业生产是为满足自己的需要而生产;而今,是以市场的需求而生产。以前,农村剩余劳动力在农业内部转移,大多是邻里亲戚之间的帮忙;而今,是一种雇工关系。以前,土地无偿使用;而今,土地有偿使用。这些变化,促进了土地流转市场化、劳动力商品化、产品商品化、生产专业化、经营规模化,把农村经济引向了市场经济,按市场来配置土地、劳动力等资源,极大地提高了土地、劳动力等资源的生产率,提高了农业经济整体水平。对于转入土地使用权的农民,扩大了其土地的经营规模,降低了生产成本,实现了规模效益。对于转出土地使用权的农民，除了有一份土地使用权转出的保底收入，还可到专业大户、业主等外打工获得收入，比自己种地的收入高得多。这样，土地使用权转出和转入的农民经济收入都有所提高，提升了整个农村经济。可见，农村土地流转是解决"三农"问题的又一有效途径。

第四，农地利用结构变化。重庆市土地流转前涉及的土地类型主要有旱地、水田和经济林果用地等，其中，旱地流转面积占总流转面积的58.69%，在调查各区、县(市)均有发生，但尤其在渝东南地区和三峡库区，旱地流转占总流转面积的比重均超过85.00%以上；水田流转面积占总流转面积的31.78%，主要发生在都市近郊区和渝西地区，而渝东地区和三峡库区水田流转较少；经济林果用地流转面积占总流转面积的9.53%，主要发生在渝东地区和三峡库区，但都市近郊区和渝西地区也有零星分布。旱地和水田在流转前一般种植粮食作物，而经济林果用地则主要种植大宗果木，且集约化程度和农业生产的技术含量较低。农村土地流转后，土地利用结构发生了很大的变化。如：流转前的旱地，在流转后有36.07%转换为经济林果用地，主要发生在三峡库区、渝东南和渝西地区；旱地和水田由原来的种粮转变为：粮食43.68%、蔬菜16.27%、经济林果22.29%、花卉苗木13.78%、畜草0.83%、渔业3.15%。而流转后的经济林果用地则主要实行了专业化生产，突出了区域特色，提高了果木产品生产的附加值。

13

农村土地流转的问题

从重庆市农村土地流转的实践来看，其效果是明显的。重庆市农村的土地主要是山地和丘陵，农村土地流转具有一定的代表性。农村土地流转促进了农业规模经营，加快了农业结构调整。但农村土地流转市场的构建尚有一些值得重视的问题。

（一）农村土地权属认识问题

《中华人民共和国土地管理法》第八条规定："农村和城市郊区的土地，除由法律规定属于国家所有以外，属于农民集体所有。"这个"集体"应该理解为农村集体经济组织——农业合作社。但现在农业合作社与村民小组合二为一，农业合作社既无经济实力，又无实权。实质上村民小组或村委会行使了农业合作社的一切权利。农民和一些农村基层干部对土地的权属认识不清，在问卷调查中[①]，对"你认为土地的所有权属于谁?"的回答是："属于国家的"占73.91%、"属于镇（乡）的"占1.74%、"属于村民委员会的"占2.61%、"属于农业合作社（或村民小组）的"占0.87%、"属于私有的"占15.65%、"不知道的"占5.22%。绝大多数农民认为，土地所有权属于国家的，在很多地方（特别是边远山区）农村土地流转无价（不收费或低收费），村民委员会或村民小组在土地

① 本章所用的调查数据来自刘定祥教授的问卷调查，在此表示感谢，当然文责自负。

流转中充当主体，农民应有的权利没有得到保护。一些人认为，土地承包权的长期稳定就是土地私有，将其土地作为一份私有财产保留，不配合乡（镇）土地利用结构调整。土地流转时，高抬要价，承包地自己种不好，也让别人不好种，成为土地流转的一大障碍。

（二）土地流转偏激与迟缓的问题

在重庆市城郊区和渝西地区土地流转成片、成较大规模的流转较多，在三峡库区、渝东南地区土地流转成零星的小规模流转较多。例如，重庆大足区农村土地流转率 23.81%（按面积算），而重庆市城口县农村土地流转率仅为 1.35%（按面积算）。有些地方土地流转偏急，急于达成土地流转协议，对土地流转的后果考虑欠佳，带有一定的盲目性。例如，某村将耕地出租给某公司，租金为：田 400 公斤谷子/亩，土 300 公斤谷子/亩。农民出租土地后没有找到新的工作，公司租用土地后没找到合适的农业开发项目，以致人地两闲。有些地方采取一系列措施启动农村土地流转，但启而不动，关键是没有选准农业开发项目，没有引进社会资本进入农业，没有开辟农民就业渠道，农村土地流转迟缓。在交通发达、土地便于整理、便于规模经营的地方，土地成片的、较大规模地向专业大户、工商企业流转，土地流转后实现了业主和农户双赢。这种双赢是由土地的级差地租带来的，由于业主与农户的信息不对称，级差地租的分配不公平，业主占优势。一旦农户认识到土地的价值后，又会出现反悔现象。在边远山区，自然条件和基础条件很差，土地耕种效益低，农民除了勉强耕种自己的土地，不愿耕种更多的土地，也很难吸引外来投资者开发，即使流转，也是小规模的流转，规模效益没有体现出来。

（三）管理土地流转的职责问题

有的把乡、村、组集体定位为土地流转的主体，否定了农户的市场经济主体地位，侵害了土地承包者的合法权利。行政命令，使土地家庭经营变成了集体和政府经营，影响了干群关系、党群关系。土地流转不是农民有要求和流转有市场，而是由行政干预、计划指令在推动。在租金和租期问题上，多数是将租金与农民现在的种粮效益比较，认为能高于现在的粮价就是可行的，而对农民收入增长的预期空间及企业可能出现的支付危机估计不足，一些地方支付给农民的租金还不如农民种地的收入高。至于租期，不少地方都长达30～50年，有的甚至无期限，比二轮承包期还长，实际上等于收走了农民的承包地，农民丧失的不光是土地的经营权，还有土地的承包权。

有的把乡、村、组集体定位为旁观者，土地流转的主体是土地承包者，政府缺少监管，任其无序流转，不去为流转引导和服务，甚至主张土地承包期30年不变就是土地使用权不流转，没有理解到30年不变指的是农村土地承包制度不变。有的在推进土地流转的过程中，政府不管，由村干部私下与承租者达成交易，对土地流转费及其支出情况不公开，农户有意见，以致影响了土地流转的进程。

有的农村基层干部在土地流转这个问题上职责不明，没有把自己定位在“服务”和“引导”的层面上，要么管得过死，要么不管，没有履行对土地流转的规范性管理，没有履行对土地用途、土地保护的监督，致使一些基本农田流转后其用途发生了改变。村、组对农村土地流转没有起到很好的作用，很多土地流转甩开了村、组自发流转。通过随机抽样问卷调查，农村土地流转经村、组同意的占27.88%，没有经村、组同意的占72.12%。没有通过村、组流转的比例这么高，并不是流转不需要村、组的参与。随机抽样问卷调查显示，土地流转的农户意愿：“希望集体统一调整”的占23.68%，“希望在村、组的主持下协商”的占36.84%，“自由协商”的占35.96%，“其他”的占3.5%。由此看来，农村土地流转对村、组的介入有需求，政府的定位应该是引导、服务、管理。

土地流转与合理的组织、引导密切相关。保护农户在流转过程当中的收益不受到侵害，是土地流转中政府的职责。这种行为与市场作用于土地流转过程，决定了土地流转工作开展得是否顺利。

（四）土地流转的供需两缺问题

农村土地流转过程中中介机构缺乏，市场没有形成，土地的需求与供给信息不通。在没有参与土地流转的农户中，有21.32%的农户想把承包地转出去，但找不到接手——缺乏需求；有22.2%的农户想转入土地扩大生产规模，但找不到出手——缺乏供给；有一半的农户不愿租出土地——缺乏供给；由于种田收益低，青壮年外出打工，将土地搁着，缺乏需求。例如，某村（地处县城城郊）有地3 500亩（田2 000亩、土1 500亩），13.3%的劳动力在外打工，还有很大一部分劳动力在县城做零工，每年都有 80～200 亩的土地荒芜。个别的典型乡村撂荒面积占耕地面积的 30～50%。

根据调查，2005 年重庆稻谷、小麦和玉米等 3 大粮食作物的每亩净利润分别为 157 元、－104 元和 58 元，花生每亩净利润 160 元，油菜每亩净利润－70 元。过低的农业比较收益以及农业投资存在自然和市场的"双重风险"，使各种资本缺乏对经营农村土地的利益驱动，造成土地流转市场需求不足。2006 年国家全面取消农业税后，农民可以获得一定数量的农业补贴，农民工"不愿"交出其土地承包权。农民工解决不了住房、就业、医疗、子女教育和社保等各方面的问题，将其农村承包土地作为保障，"不敢"交出农村土地承包经营权，这使土地流转供给不足。

（五）土地流转风险问题

农村土地流转应流向有耕种能力的土地使用者。但是，无法知道接包者是否有能力。有的土地流转移不但没有提高土地的利用效益，反而使土地荒芜。接包者没有效益，付不起土地使用费，转包者收不到费，二者皆亏。例如，某村将土地 100 亩租给某企业，由于该企业抗风险能力弱，不能开发、整理所租用的土地，租地而不用地，损失较大。农业的风险大，而又缺乏相应的风险保障机制，农村土地的转出者与转入者都有风险，以致有些农户不敢轻易把土地租出去，业主也不敢贸然租用。未参与土地流转的农户中，有 14.88%的农户想转出，但担心转出后收益得不到保证，有 34.34%的农户想转入，但是没有找到更好的项目。

（六）农村社会保障问题

农村剩余劳动力多，但由于农业劳动用工的季节性，所以在农忙季节劳动力供不应求。例如，重庆市荣昌区虹桥村有劳动力 1 600 多人，常年在外打工的 609 人，剩下的劳动力中有很大一部分在第二、三产业打散工，奔波在农村与城市之间。城市工业和乡镇企业吸纳农业剩余劳动力的扩张能力十分有限，而且农民无法与城市居民拥有平等的就业机会。兼业农民非农产业收入的不稳定性使他们难以彻底离开土地，真正走进城镇，他们仍然视土地为"避风港”“保命田”，一旦出现经济波动，非农收入下降，大量的兼业农民便回流到农业部门。广大农民在没有寻找到稳定、安全的生存替代来源之前，他们绝不可能轻易放弃土地的使用权。就业社会化的障碍无法突破，土地使用权的流转也不可能会出现新的跨越。

土地是农民生存必不可少的生产资料，与农民的生活方式和家庭关系密不可分，虽然有些农户非农收入已在家庭中占据了主导地位，但仍然十分看重自己的承包地。土地是农民的保障，外出打工就业不稳，随时都有可能丢掉饭碗，所以他们不愿意将土地出租出去，而是将土地搁着，为自己留一条后路。土地本身所具有的承载功能、养育功能和资源功能转化为农民的就业保障、生活福利和伤病养老保险的可靠手段。当前，农村社会保障机制尚未形成，在非农就业的岗位和收入尚不稳定的情况下，绝大多数农民仍把土地视为生活、生存的退路，即使外出打工赚不到钱还可以回来种田，心里踏实。因而宁肯种“粗放田”，“应敷田”，甚至不惜暂时“抛荒”，也不愿轻易转让和放弃土地。

农村土地仍然承载着过多的社会保障功能，土地实物保障未实现向价值保障的转换。经济发展相对滞后的山区，农村社会保障机制未形成，土地是农民生活的重要保障，农民不愿放弃土地；经济发展水平相对较好的地区，经营土地又是农民的主要经济来源，且由于非农收入不固定，社会保障不健全，农民离土有后顾之忧，也不会轻易流转土地。可见，没有健全的社会保障制度，就不可能从根本上增强农民离土的安全感和适应市场风险的能力，农村土地市场发育的进程也将严重受阻。

在问卷调查中，对“你是否愿意放弃土地”的回答中，回答“愿意”的占20.83%，“不愿意”的占 70.83%，“无所谓”的占 8.33%；对“你为什么不愿放弃土地”的回答中，“因非农工作不稳而留退路”的占 29.05%，“怕粮食紧张有钱难买”的占 15.54%，“种地有利可图”的占 6.76%，“放弃土地得不到补偿”的占 11.49%，“不要土地（是集体的）白不要”的占 2.7%，“土地将增值”的占 16.22%，“除了种地不会干其他活”的占 12.84%，其他的占 5.41%；对“在什么条件下愿意放弃土地”的回答中，“有较高的非农收入”的占 31.58%，“有稳定的非农就业门路”的占 32.75%，“享受劳保福利”的占 7.6%，“能迁入城镇定居”的占6.43%，“政府给予一定的补偿”的占 13.45%，“其他”的占 8.19%。从以上回答可看出，农户不愿意把土地转出去的主要原因是就业不稳、收入不稳，即使土地荒芜，也不愿把土地转出去。从表面上看，这种现象体现了农民就业不稳，恋土情重，但实际上是农民在失去土地后缺乏社会保障所致。没有社会保障，土地当然流转不畅。社会保障程度高、覆盖广，土地承包经营权流转的可能性就越大，而社会保障程度低则不利于土地承包经营权的流转。

（七）土地流转市场问题

市场经济要求按市场规律配置资源，农村土地流转也应进入市场。目前，土地流转仍然主要依靠自发进行和政府推动，缺乏土地流转市场。

第一，有些地方存在行政命令倾向，擅自与投资业主签订土地租赁合同，不尊重农民意愿，强行流转，侵犯农民利益。

第二，农村土地流转没有中介组织，没有市场导向、没有价格参照系、没有专门的管理机构，流转信息不对称。转出者认为价格太低，转入者认为价格太高。认为转入价格太高，想转入土地而没有转入土地的占 13.13%；认为价格太低，想转出土地而没转出土地的占 24.59%。由于市场中缺少农村土地流转这个位置，以致流转信息传播渠道不畅，想转出土地的农户寻找流转对象难度大，而具有一定规模的种植大户却苦于和一家一户谈判费时费力又不能保证连片发展的规模。由于土地流转的市场缺位，所以土地流转空间狭窄，流转成本增大，严重影响了土地流转的速度、规模和效益。

第三，农民的流转收益缺乏与市场挂钩的增长机制。在流转合同的约定上，农民土地流转收益一般是几十年不变，大多数农户的土地出租后，一亩田一年的租金一般为 400 公斤稻谷，流转期间不再调整租金，流转收益没有随经济的不断发展得到相应增长。农村土地流转的形式、流转的程序随意性大，一般流转的价格较低，获得土地使用权的成本不高，导致珍惜土地的观念不强，对土地的商品观念不强。在对土地流转的转入方的问卷调查中，对“土地转包关系是否可以随时终止”的回答，回答“可以”的占 48.15%，“不可以”的占 51.85%。

（八）土地流转管理问题

在土地流转上虽有大的、方向性的规定，但缺乏统一的操作规程和流转文书格式，缺乏完整的政策体系，缺乏现代化的工作手段。流转双方的权益得不到很好保护，在流转中和流转后时常发生纠纷，影响了农民和投资者的积极性。多数区县和乡镇没有建立完善的农村土地流转管理机构，缺乏对农村土地流转的有效管理和引导，农户自发的土地流转还占有相当大的比例。农村土地流转很多时候不是一种经济行为，而是一种人情行为。农村土地流转的合同形式大部分是口头协议，没有书面合同的占 61.11%、有书面合同的仅有 38.89%，书面合同中通过公正或签证的占 24.48%。有很多合同双方的权利和义务不明确，合同的内容、合同的格式五花八门，订立合同程序和订立合同的条款很不规范。由此引发出土地流转的很多矛盾，解决这些矛盾没有一个标准，对错难分。很多合同只考虑静态因素，不考虑动态因素。例如，土地流转的价格按每亩 300 元计算，计算的依据是当时 300 公斤谷子的市价，合同没有明确随行就市，现在谷子的价格涨了，转包方要求涨价，而接包方认为是他的风险收入，双方纠缠不清。很多合同在执行的初期没有异议，但由于合同中的内容、条款等不完善，隐藏着很多后患。

（九）农业结构调整与农业技术结构不协调

农业结构调整，农业技术结构也应相应地调整，传统的农业技术不适应现代化的农业结构。但调整农业结构后，政府和有关部门不注意组织技术培训，新的结构没有相应的新技术支撑，以致结构调整失败。伴随着农业结构调整的土地流转也受阻。例如，退耕还林、还草调整了农业结构，这来得有点突然，农民的农业生产技术是单纯的种粮食技术，没有种树、种草、园林、园艺的技术，退耕后仍然种粮食，重粮轻林，出现返退耕的现象。有的农户或业主转包退耕地发展园艺或种草等，但技术、投资等上不去，以失败告终，欠下一大堆债，导致土地流转合同不能兑现。

（十）土地流转用途管制问题

农村土地流转没有专门的管理机构，也没有明确农村基层政府在土地流转中的职责，土地所有者没有对土地用途管理的权威性，对于土地流转后的用途没有任何限制（除国土部门限制转为建设用地以外），有的基本农田也当作退耕还林地使用，有的变为建筑用地，有的荒芜。土地流转后，转出者与发包方（土地所有者）的关系不变，转入者与发包方（土地所有者）没有关系，对土地的保护责任由谁来承担？转入者用基本农田发展林果业、挖塘养鱼或闲置、荒芜基本农田，应该惩罚谁（是惩罚转出者还是惩罚转入者）？对农村土地流转后的用途改变还没有一套监管机制，有些业主从农户那里租用土地后改变了土地的用途，违反了《基本农田保护条例》。

（十一）集体建设用地流转问题

城市建设用地紧缺和农村建设用地闲置或者无法上市交易并存，造成资源的极大浪费和市场的严重失衡。广东、上海、江苏、浙江、湖北、成都等在统一土地市场、探索集体土地上的房子买卖问题等方面取得了一些经验，农村集体土地与国有土地一样纳入土地交易市场，使农村建设用地减少与城镇建设用地增加挂钩。农村集体建设用地存在产权不清晰，收益分配机制不明确，市场体系不完善，行政干预过多，集体土地尚未进行分等定级，集体土地基准地价尚未制定等问题。

（十二）农用地流转规模问题

西南地区的丘陵和山区耕地资源匮乏，农村劳均占有常用耕地面积少，在有限的承包土地上增加农民收入的难度很大。一方面，为了扩大经营规模而对土地流转有现实需求的农民面对分散零星的生产经营方式，难以在短期内获得产业化生产所需要的成片土地。另一方面，放弃承包土地的农民又担心生活没有保障，宁愿撂荒也舍不得将土地流转出去，制约了土地流转的规模化。同时，由于农业是受自然和市场双重影响的产业，风险大，经济效益在短期内又难以显现，业主对投资农业开发极为慎重，参与土地流转，进行规模经营的比较少。对少数农户、集体占用和浪费大量土地资源缺乏经济制约，也制约了农用地流转。

综上所述，农村土地流转存在诸多问题，农村土地流转依赖于市场经济的发展和农村生产力的提高。为了实现土地流转制度建设的目标，需要建立健全农村土地市场，实行土地有偿使用制度和土地投资补偿机制，推动土地的合理流转，采取相应对策，加速流转进程。

14

农村土地流转价格研究

国家允许农民依法、自愿、有偿流转土地，即肯定了农民转出土地可以（也应该）获得补偿（即流转费）。流转费的高低及具体支付形式，流转双方可以自己协商，但是没有给出一个明确的流转费计算标准。没有可依据的标准，农民之间通过谈判确定的流转费严重偏低，极大地损害了农民的正当利益，挫伤了农民流转土地的积极性，不利于农村土地流转的进行。由此可看出，合理制定农村土地流转价格的重要性和紧迫性。重庆市农村土地流转缺乏历史价格，目前还没有可操作性的、规范的农村土地流转价格体系。农村土地流转缺乏科学、规范的价格体系是制约农地高效流转的关键。本项研究力求解决这一关键性问题，构建科学、规范的价格体系。

（一）农村土地流转价格的构成与形成

承包土地使用权的价格不能等同于土地的价格，因为承包土地使用权的流转，仅仅是把土地的使用权转让给其他经济主体使用。土地使用权在这里取得了相对独立的状态，转入户由于使用土地就必须按照使用时间的长短以不同的形式向原承包户（转出方）支付报酬，这部分报酬实质上就是向转出方缴纳的租金，也就是土地使用权的价格，它是凭借农民土地承包权获取土地收益的表现形式。农村土地流转价格（即土地使用权的价格，下同）不但包括土地质量价格，还包括因土地用途改变后的土地未来收益的经济补偿，也就是土地的社会价值量。土地的社会价值量主要是土地的社会稳定功能和土地的社会保障功能的体现。因此，农村土地流转价格的组成应该包括土地质量价格、土地的社会价值量、土地未来收益的补偿。

农村土地上附着的权能流转后，其用途变化分为：农用地转为非农用地（即农地转用）、农用性质不变（属于农地流转）、农地用途不变（属于农地流转）。农用地转为建设用地有国家征用和集体土地出让两种方式。国家征用，农地转用价格的表现形式是征地补偿费。集体土地出让，是城乡经济发展过程中出现的一种农地转用方式，农地转用价格应该是一种交易价格。农地农用性质不变，只是将其一种农业用途转变为另一种农业用途。这种农地流转的数量较多，一般是农地承包经营者将其使用权、收益权让渡给业主，流转双方签订合同。农地流转价格视其土地的区位不同而不同，农地距离城市较近，其流转价格较高，反之，较低。流转价格多以实物计算，城郊区每年每亩农村土地流转价格多在 600～800 公斤谷子，远郊区基本是 300～400 斤谷子，边远山区的农地流转价格更低。农地用途不变的土地流转数量不多，这种流转的发生多因规模经营或方便耕种的需要。农地流转价格多为口头协商确定，通过谈判，讨价还价，从而形成真实的农地流转价格，没有签订土地流转合同。其流转价格很低，有时会出现零价格和负价格（因耕地荒芜政府要收荒芜费，将承包地使用权和收益权让渡给他人，不但不收费，还倒给钱，以避耕地撂荒罚款和保存其对土地的承包经营权），撂耕抛荒的现象时有发生。

（二）农村土地流转价格问题

进入 21 世纪，农村土地流转的目的性、组织化、规模化有所增强，流转规模趋于扩大，流转进程趋于加快。但这并没有在多大程度上促进土地流转，也并未在多大程度上促使规模经营的实现。制约土地流转的一个重要因素是价格，有待研究解决。

从农村土地流转价格形成可看出，农村土地流转没有市场规则。农地征用是政府单方制定征地补偿费标准，不是市场运作。集体土地出让，以农地流转之前的产出能力为参照谈判议价，与流转后新用途的土地价值相比差距太大，抹杀了农地的转用增值，土地资产的预期价值被忽略。农村土地流转讨价还价、谈判议价所形成的价格也偏低，因为土地承包经营权转出者分散、信息不通，处于谈判的劣势地位。农村土地流转价格内涵不清，流转价格常以实物形态体现,实物价值体现的价格含义模糊不清,农村土地流转后价格增值认识不清。农村土地流转价格不科学,具有可操作性的农村土地流转价格体系还未建立,这是农村土地流转价格不合理的重要原因。

农村土地流转价格低廉,对于转出者来说,转出土地得不到合理的报酬,他宁愿选择让田地荒芜也不愿转给他人耕种;对于转入者来说,他取得土地的使用权的成本很低,珍惜土地的感情不强烈,容易造成土地资源的浪费。只有合理的农地使用权流转价格,才会使农地所有者、使用者珍惜土地资源。只有充分利用土地资源有了经济上的动因,才有利于土地资产盘活而避免闲置和浪费。价格是市场的灵魂,市场依靠价格来运行,农村土地流转价格失真是农村土地流转市场不成熟的重要原因。价格是市场最敏感的标志,价格的变化影响人们的利益分配和供求偏好,通过价格杠杆和竞争机制,把资源配置到效益好的环节。农村土地流转价格与价值的偏离使价格调节功能失灵,使农村土地长期供给不足和短期需求不足,引致农村土地流转不畅,资源得不到合理有效的配置,不利于农村土地流转市场的培育与规范。反过来农村土地流转不畅,又抑制了流转价格的提高。二者形成一个恶性循环,不利于农村经济的可持续发展,直接影响农业现代化进程。可见,建立一套科学的农村土地流转价格体系对于规范集体土地使用权流转行为,保障农民合法权益,促进农地顺畅流转,加快农业现代化进程意义重大。

(三)交易成本与供求关系对农村土地流转价格的影响

交易成本理论是以科斯为代表的新制度经济学的重要理论。科斯定理认为,在交易成本为零的情况下,不同的产权配置不会对经济效率产生影响,但在交易费用不为零的情况下,不同的产权配置会对经济效率产生影响。关于"交易成本",学界对其的表述不尽相同。有的学者认为,交易成本是"为了达成交易而必须支付的除货款之外的各种费用"。也有学者将其简单定义为"和人打交道所引起的费用"。科斯将交易成本定义为,市场中每笔交易所涉及的各种费用,如价格搜寻成本、谈判签约成本以及交易所涉及的其他各种成本,范围很广,影响很大。简单地说,交易成本是指交易活动及涉及的任何费用,包括交易前、交易中、交易后所产生的各项费用。具体到农地使用权流转中,交易成本则应包括流转前的价格搜集成本、谈判成本,流转中的谈判签约成本以及流转后的执行监督成本和毁约成本等。显然,这些费用确实是非生产性的，交易双方都力求减少或避免。所以经济学家都将它视为应当尽量加以消除的有害无益的成本。

目前，我国农地转用有行政力的作用，增加了土地交易环节，提高了交易成本。由于行政力的作用，农地交易中间成本高，农地转用价格低，农地所有者（农民集体）获益少。很多地方农村土地流转市场还没有真正建立，农村土地流转一般都是个别农户私下或通过村干部介入进行。在这种农户极度分散决策下，自发交易的盲目性、行政手段的过多介入都会提高土地流转的交易成本，使农地流转的效率低下，不利于土地流转的推进，这是造成农村土地流转价格偏低的重要原因。建立农村土地流转市场，通过市场为土地流转发布信息、提供交易场所，促使农村土地“自愿、有偿”依法有序流转，是稳定完善农村土地承包关系的一条重要举措。

农村土地流转供给不足与需求不足并存，使农村土地流转陷入困境。供给不足与需求不足以及流转价格低三者之间形成了一个恶性循环，供给不足，农地流转分散进行，连片经营不能实现，规模经济不能形成，必然引起需求不足，势必导致流转价格低下；同时，流转价格低廉又会引致农村土地供求不足，不利于农村土地顺畅流转。

农村土地的供给不足。农村土地供给不足包括对农地转用和农地流转的不足。根据供给理论，当农地的市场价格上升，农地的供给量增加，市场价格下降，供给量减少，农地供给量与交易价格成正比。目前，重庆农村土地流转价格普遍偏低，流转多是分散的、小范围的，规模经济不能实现。农村土地流转供给不足的原因主要有土地的价格偏低、土地保障功能和土地交易成本高等。

农村土地流转价格偏低。农村土地流转价格偏低的事实降低了转出方出让土地的收益，影响了转出土地的积极性。因为转出土地的收入很低，有的农户宁愿粗放耕作甚至抛荒、撂耕也不愿转出土地。

农村土地流转需求不足。农地转用的需求不是按市场规律来运行的。农村土地流转市场同时表现出对农地需求的不足，需求不足的原因主要有比价效益低、制度不完善、规模不经济、交易成本高等。

农村土地承包经营权流转，需要进行交易，因而必须支付交易成本。农村土地承包经营权流转的交易成本不仅制约着农村土地流转的供给，也制约着农村土地流转的需求。接转土地承包经营权，目的是要获得收益和实现劳动力价值。由于农村土地流转市场的不成熟、流转程序的不规范，无形中提高了交易成本（包括价格搜集成本、谈判成本，流转中的谈判签约成本以及流转后的执行监督成本和毁约成本等)。较高的交易费用阻挡了转出者转让土地的热情。由需求者支付的交易成本相当于提高了农地的市场交易价格,引起需求曲线向左移动,使在现有价格水平下的需求量减少。

(四)影响农村土地流转的价格因素分析

1.土地的用途的影响

目前我国农地使用权流转主要有两方面——一是农地在农户之间流转。其农用性质不变,土地集体所有权性质不发生改变,只是承包权和使用权发生改变,此形式的流转价格应包括承包权价格和使用权价格。二是以征用形式农地由农民向国家流转。此形式的流转价格除应包括土地承包权价格和使用权价格外,还应包括土地所有权价格,另外,因为土地用途改变而产生的增值收益也应予以体现。所谓农村土地价格是就业、生存保障和社会福利功能所体现的社会价值的货币表现。社会价值是社会主义国家保证农民的就业、自下而上的社会保障和福利而公平赋予的一种权利。根据马克思地租理论。这项权利的价格是农民最低生活收入的货币体现。为了稳妥地做好农村土地经营承包权的有偿转让,提高土地承包权流转的效率,必须要正确计算承包经营权的价格。农村土地流转价格是人们为取得土地使用权而支付的一定经济代价。由承包权价格和使用权者投入资本的折旧资本化的收入而组成。承包权可以与使用权统一于同一农户,也可以分离,两权分离时承包权和使用权应各有其价格。农村土地所有权价格是农民放弃其法律上所拥有的土地所有权时所获得的补偿,在我国现实地表现为征地费,并以"农转非"作为其补充形式。依据地租和地价规律的要求,完善农村土地所有权价格形成机制,使农民集体所有的土地所有权让渡价格的构成逐步合理化、科学化。按照土地利用规划以及农田保护区规划要求不得任意改变土地用途,若经批准确实需要改变土地用途的必须重新评估土地价格,并向所有者补交由于土地用途改变而产生的土地增值额,即承包所限的价值减去已使用年限的价值的剩余。

2.自然环境因素的影响

气候。光、温、水等气候条件直接导致土地的生产力。土地生产力的差异是土地分等定级的基本因素。具有不同生产力的土地的等级必然不同,具有不同经营收益的土地的价格也相应存在差异。

水文。水文是影响土地质量与农作物产量水平的重要因素之一。特别在干旱、盐碱化和沼泽化地区，灌溉、防洪、排水等水文因子在农地价格评估中起着某种决定性的作用。

土壤。农地生产力主要取决于土壤的肥力（土壤类型、土层厚度、土壤质地、土壤构造、障碍层次、有机质含量、PH 值、土壤污染等因子）。土壤品质直接影响农作物的产量，又决定其对农作物品种的适应性。

坡度、坡向、地形。土地的坡度、坡向、土地的形状、耕作障碍等会影响土地的耕作效率，会影响土壤对降雨和肥料的吸收能力，会影响耕作成本的高低，会影响农地经营方式。如果收益降低，农地价格也随之下降。

土地规模。土地连片集中的程度会影响土地规模经营效益。

自然灾害。自然灾害因素一般可通过灾害类型、灾害周期、灾害影响度等因子来评估。自然灾害发生频率低且危害程度较小的地区，农用地的等级和价格水平较高；相反，自然灾害发生频率高且危害程度很大的地区，农用地的等级和价格水平较低。

3.经济社会因素的影响

区位。土地的自然地理位置和社会经济位置都影响土地等级和价格水平。土地的社会经济位置（包括土地的耕作半径、市场半径、道路交通状况等因素）影响耕作成本、运输成本、信息收集成本，进而影响土地的价格水平。农地价格平原高于山区、已开垦的高于未开垦的、处在城郊的高于边远农村的等。

经济发展水平。经济发展水平越高，对土地的需求量越大，在土地供给量难以增长的情况下，土地价格会保持在一个较高的水平。在一国经济高速增长的时期，城市化进程加快，农用地迅速减少，农用地的价格会迅速上升。从区域经济来看，经济发达地区农用地的价格水平比经济落后地区高。

基础设施。农地的开发主要是指农业开发的基本工程的配套和土壤的改良等，这些基础设施可以改善农地开发利用的硬环境，影响农地收益的高低。

国家政策和行政性因素。政策因素主要包括国家经济政策、农业发展政策和土地承包政策、土地改造政策、土地开发政策等。对农地的开发利用效益有着直接或间接的影响，从而影响农用地的等级及价格水平。

人口。由于农地资源的有限性，在人口密度大的地区，农地价格一般较高，人口密度小的地区，农地价格一般较低。

政府投入。政府投入使投资增加，需求旺盛，对农地需求也随之增加，进而地租增加，所以政府投入也影响农地价格。

税率。由于土地供给缺乏弹性，税收主要由供给者承担。在净收入一定时，税收越多，土地剩余越少，从而资本化的地价也就越小。另外，税赋增加使居民和企业的储蓄减少，从而减少社会投资，致使土地需求减少，农地价格降低。

4.土地的供求状况的影响

随着我国经济的发展和工业化、城市化进程的加快，工、商、住宅用地的需求日益增加，但这类土地的供给非常有限，最终导致在高价水平下的供求平衡。城乡接合部的土地市场供需状况最大程度决定了农用地流转价格的高低。

(五)农村土地流转价格模型构造

农村土地流转价格是自然环境条件、社会经济条件、供需状况、土地用途等因素不同程度影响量化的结果。设自然环境因素为 u，社会经济因素为 w，供求因素为 x，土地用途为 y，其中各影响因子为 $u_1, u_2, u_3, \cdots, w_1, w_2, w_3, \cdots$，并根据各因子影响权重，建立农村土地流转价格函数 $f(u, w, x, y\cdots)$。具体评估农地使用权流转价格时，首先找出影响宗地价格的各因素，并分析各因素因子所占权重，根据农村土地流转价格函数 $f(u, w, x, y\cdots)$ 计算出农地使用权流转价格。根据这一思路，构建如下农村土地流转价格模型。

假设土地的用途决定了，该种用途的自然因素、社会因素等完全满足利润最大化的要求(边际成本等于边际收益)。相应地地租(a)也最高(比其他用途)，用收益还原法可计算出最高地价 $V=\frac{a}{r}$(r 为折现率)。

事实上，土地新用途、各自然条件、社会条件等是不能完全满足利润最大化要求的，并且各因素对土地的价值影响也不一样。影响具体交易地块产出能力的各因素重要性权重请专家打分，构造判断矩阵，计算出对土地价格的相对影响权重。土地产出能力的各因素的满足程度在 0～1 闭区间上映射，与相应的对土地价格的相对权重之积，得出各因素实际对地租的贡献率，见表 14-1。

表 14-1　农村流转价格构成因素表

因素	自然因素						社会因素							供求状况
	气候	水文	土壤品质	地形地貌	土地成片度	自然灾害概率	区位交通	当地经济水平	基础设施	行政因素	人口因素	政府投入	税率	
相对重要性权重	u_1	u_2	u_3	u_4	u_5	u_6	w_1	w_2	w_3	w_4	w_5	w_6	w_7	x
因素对该用途的满足程度	a_1	a_2	a_3	a_4	a_5	a_6	b_1	b_2	b_3	b_4	b_5	b_6	b_7	c
各因素对生产力的贡献率	u_1a_1	u_2a_2	u_3a_3	u_4a_4	u_5a_5	u_6a_6	w_1b_1	w_2b_2	w_3b_3	w_4b_4	w_5b_5	w_6b_6	w_7b_7	xc

表 14-1 中，$\sum_{i=1}^{6}u_i+\sum_{j=1}^{7}w_j+x=1$，$0<a_i<1(i=1,2,\cdots 6)$，$0<b_j<1(j=1,2,\cdots 7),0<c<1$。根据表 14-1，土地承包经营权流转的价格 $y=(\sum_{i=1}^{6}u_ia_i+\sum_{j=1}^{7}w_jb_j+xc)\cdot V$。模型中 u_i、w_j、x、V 是农地交易后新用途的取值，而 a_i、b_j、c 是农地交易前的土地状况的取值。农地交易后，新的土地使用者对土地要进行改造投资，从而改善各因素，增加各因素对新用途的满足性，从而增加各因素对土地生产力的贡献率。

下面举一个虚拟的例子。某村农民承包集体土地分散、瘠薄，年亩产粮食 350 公斤(一年三茬麦—玉—苕套种，红苕折合为原粮，5 公斤红苕折合 1 公斤原粮)，除去生产成本后每亩纯利润 200 元。有一种田大户转包农民的这些承包地，期限 30 年，每亩每年 300 年谷子(折合人民币 210 元)。农民愉快地与种田大户签订转包合同。种田大户将这些土地进行改造后种花椒，三年开始投产。

预期在 30 年内每年每亩可获 800 元纯利润，折为现值 9 806.227 元。取利率 $r=0.08$，则 30 年内收益折现之和为：

$$V_{\text{实际}}=800+\frac{800}{1+0.08}+\frac{800}{(1+0.08)^2}+\cdots+\frac{800}{(1+0.08)^{30}}=9\ 806.227$$

当花椒的盛产期，农民(农地转出方)“眼红”，要求毁约。种田大户以合同订立的程序和内容都是合法为由，不同意毁约。

以上案例表面是农民“无理取闹”，实质是交易不合理。合理的农村土地流转价格计算如下：

首先计算土地新用途的利润最大化的土地流转价格。土地利润最大时的土地年纯收益为 1 000 元/亩，转包 30 年。

$$V=1\,000+\frac{1\,000}{1+0.08}+\frac{1\,000}{(1+0.08)^{2}}+\cdots+\frac{1\,000}{(1+0.08)^{30}}=12\,257.78334(r=0.08)$$

第二，请专家对这些地种花椒的影响因素进行两两比较其重要性，总结专家的意见构造判断矩阵，计算相对重要性权重 u_i、w_j、x（如表 14-6）。

第三，根据花椒生产的需求及社会条件的满足程度在 0～1 闭区间上映射解出 a_i、b_j、c。当花椒市场供不应求时 $c=1$（如表 14-6）。

第四，计算各因素对土地生产力的贡献率（如表 14-6）。

第五，计算土地流转价格：

$$y=\left(\sum_{i=1}^{6}u_ia_i+\sum_{j=1}^{7}w_jb_j+xc\right)\cdot V=8\,886.8929(\text{元})$$

表 14-2　农地使用权流转价格计算表

种花椒条件的相对重要性权重	u_1	u_2	u_3	u_4	u_5	u_6	w_1	w_2	w_3	w_4	w_5	w_6	w_7	x
	0.06	0.06	0.09	0.08	0.06	0.05	0.1	0.07	0.08	0.04	0.04	0.03	0.04	0.2
现时各条件对利润最大化满足程度	a_1	a_2	a_3	a_4	a_5	a_6	b_1	b_2	b_3	b_4	b_5	b_6	b_7	c
	0.6	0.6	0.5	0.7	0.6	0.8	0.7	0.6	0.7	0.6	0.7	0.6	0.7	1
各条件对花椒取得纯利的贡献率	u_1a_1	u_2a_2	u_3a_3	u_4a_4	u_5a_5	u_6a_6	w_1b_1	w_2b_2	w_3b_3	w_4b_4	w_5b_5	w_6b_6	w_7b_7	xc
	0.036	0.036	0.045	0.056	0.036	0.040	0.080	0.042	0.056	0.024	0.028	0.018	0.028	0.20

土地利用利润最大化时的价格 12 257.78334 元。种田大户通过增加收入、改变用途实际得到纯收益折现 9 806.227 元。在农地使用权流转前农地的状况及农民技术水平条件下农地的价格即模型计算价格 8 886.8929 元。农村土地流转的实际价格 2 574.135 元（$V_{\text{流转}}=210+\frac{210}{1+0.08}+\frac{210}{(1+0.08)^{2}}+\cdots+\frac{210}{(1+0.08)^{2}}=2\,574.135$）。

通过以上比较，种田大户转入的土地还有潜力可挖，种田大户实际收益折现 9 806.227 元，与最大收益折现 12 257.78334 元相差 2 451.556 元，即土地的生产潜力还有 2 451.556 元。农村土地不流转，农民种花椒比流转种田大户种花椒效益低，农地流转能够提高土地的产出能力。农地流转前农民种花椒收益折现 8 886.8929 元（即模型计算价格 8 886.8929 元），农地流转后种田大户种花椒收益折现 9 806.227 元，农地流转提高了生产力 10.34%。模型计算的价格比土地实际交易的价格 2 574.135 元多 6 312.758 元。

（六）结束语

通过以上研究发现，目前农村土地流转价格偏低，农村土地流转市场机制没有建立。对此，本章为使土地流转中利益的合理分配，按土地流转价格模型计算土地流转的参考价格，建立一套农村土地地价评估体系，完善土地市场价格形成机制，建立统一规范的土地流转市场。为使土地市场正常运转，需要建立市场制度，培育农村土地流转市场，镇（乡）有固定的土地交易场所，有稳定的市场管理班子，规范流转市场管理，确立土地用途管制制度和市场运行制度，加强和完善政府对土地市场的宏观调控。

15 劳动力转移与农村土地流转

农村劳动力转移是社会经济发展到一定阶段农村劳动力资源在产业间的重新配置，是社会生产力发展的必然结果，是工业化、城市化过程中必然要经历的阶段，是产业结构的调整和农村劳动力职业身份的转变。农村劳动力转移有利于促进土地规模经营的实现和农村劳动生产率的提高，而农村劳动生产率的提高又要求农村土地流转。农村土地流转是农户对土地经营权或使用权的转让，包括农户之间的自发土地流转、农户和集体之间的土地流转以及农户和农业公司之间的土地流转(不包括农村土地所有权的流转)。农村剩余劳动力的大量存在是我国不可回避的问题，农村劳动生产率不高，土地分散化、细碎化在我国是一个客观存在的事实，实现土地适度规模经营是社会经济发展的必然趋势。通过农村劳动力转移和农村土地流转来实现土地适度规模经营是成功解决"三农"问题的重要途径之一，也是构建社会主义和谐社会和全面实现小康社会及共同富裕等伟大目标的重要举措。

(一)农村劳动力转移分析

农村劳动力向城市转移，农民市民化(尽管有的农民户口仍在农村，但事实上是市民)，原有农民身份已经打破，继而转变成一种新的身份"城市人"。从形式上看，农村劳动力可自由向城市转移，但事实上这个"转移"设置得有"门槛"。这个门槛是制度限制、政策限制、城乡差别等。这个门槛的高度是农村劳动力向城市成功转移所应具备的最低条件。只有那些有转移的愿望，且达到这一条件的农村劳动者才有可能向城市转移。在某一制度环境下，门槛越高，所具备劳动力转移的最低条件的农村劳动力数就越少，劳动力转移的速度就越慢，反之亦然。制度环境更为优越的地区，劳动力转移的速度和规模大于比其他制度环境更差的地区。这个最低条件可以人为地改变，这个门槛的高低与农村劳动力转移的适当取向有关。例如，农村劳动力向城市转移，如果没有政府的政策和转移的目标等作为指导，这种情况下的农村劳动力向城市转移的可能性就极小，因为预期收益极不确定，而转移的成本非常大，向城市转移的风险极高。这时，其转移者会继续从事农业，本来有意向把自己手中的土地转包于他人。由于转移的成本极大，以致这种将土地承包给他人的意向被取消了，使经营土地的规模保持在原有规模经营，从而引起一系列的循环效应。

本项研究对农村劳动力转移进行随机抽样问卷调查。问卷调查显示，外出务工的人数越多和外出务工年限越长的农户越具备向城市转移的可能性。主要有以下几种原因：第一，每户外出务工的人数越多相对于外出人数更少的农户来说，其收入更大；第二，外出务工的年限总和越大，其思想解放的程度也越大，受到更多新思想、新思维的启发和引导；第三，一个家庭外出务工的人数越多和年限越长会产生一定的聚集效应、扩散效应及示范效应，同时经过多年的磨炼，也使他自身有了一技之长，具备和掌握了在外谋生的本领。收入的增加、思想意识的解放和所学到的一技之长相互整合提高了其向其他地方、产业转移的能力。外出务工的年限的长短意味着由农村向城市转移的可能性的大小，或者说从农业向非农产业转移发生的概率。

在问卷调查中还发现两个非常值得关注的潜在信息：一是农户家庭中外出务工的人数越多、外出务工的年限越长，则土地流转面积越多、流转年限越长；同时对政府在有关农村劳动力转移和土地流转中落实政策的要求也越多，考虑问题也更全面、更理性。二是有些农户已经具备在城镇定居的条件，但是仍然不愿选择到城镇中去，其主要原因是担心不能享受与城市居民一样的待遇。另外，通过与农户访谈得知，外出务工的农民多数处于不稳定状态，土地仍然是他们生活的最后一道防线，特别是近年来出现“非转农”现象，更加强化了这种认识。

(二)农村土地流转限制性分析

农村土地流转与农村劳动力转移一样,需要一定的条件。原土地经营者与土地的脱离及新的土地经营者与土地的重新结合需要达到一定的条件之后,才有可能发生土地流转。

如果没有比较完善的土地市场作为价格机制、交易机制等条件,如果农民手中的土地由于没有进行流转的市场环境或者说具备市场交换的环境不完善(如法律的不健全,中介组织的缺乏,土地交易价格机制的不合理,土地价格的评估体系不科学、不完备等),其产生的后果就是有意向流转自己手中土地的人找不合适的对象或者是实现不了所应该要的价格,从而造成土地流转不畅,在很大程度上也束缚了农村劳动力的转移能力。

本项研究对农村劳动力转移进行随机抽样问卷调查,问卷调查显示:土地流出面积越大的农户寻找需求者所花的时间越长,通常在3个月以上。这种情况一旦发生土地流转其年限也与小面积发生土地流转的农户的年限要长,平均年限在5年以上。而土地流转的价格与小面积土地的价格相差不大。这主要与当前农村耕种土地的效益不高有关。而小面积土地流出方的农户主要是因为缺乏劳力和离家太远,耕种不方便,且这种流出的年限普遍偏低,年限为1～2年。从土地的流入方来看,需要流入大面积且流入年限长的农户,在短时间内很难找到称心的土地流出方(向集体承包荒山、荒地例外),最低三个月,有的则需要几年才能遇到,但由于双方的条件和要求各不相同,其快速完成交易的概率非常低。土地流出方一般要求土地流出使用的时间短,土地流入方一般要求土地流入使用时间长。土地流转使用期限在3年以下基本上没有签订正式的书面合同,在3年以上签订正式的书面合同有28.57%,大多数都是仅以口头协议的形式成交。在调查中还发现,有些地方干脆就不明确规定流转的期限,而是每一年年初双方再次进行协商是否继续,这种“一年制交易与重新协商”的现象恰恰反映了土地流转的不稳定性和农村劳动力转移的“两栖现象”。由此带来的后果就是,减少对土地的投入,进行掠夺式经营,土地生产力下降,劳动生产率停滞不前甚至出现下滑。这种土地流转的不稳定也正体现了资源与要素之间相互配置的一个过程,即由一种稳定状态向另一种稳定状态过渡的中间过渡状态。

(三)土地资源与劳动力资源的结合分析

土地资源与农村劳动力资源是农村经济发展的两个最基本的资源，其资源配置效率的高低直接影响劳动生产率的高低和社会经济发展的速度，从而影响“三农”问题的解决、城乡统筹和构建社会主义和谐目标的实现。如果农村劳动力资源与土地资源得不到有效合理的配置，就很难改变土地细碎化、分散化等问题，导致农业劳动生产率不高、土地效益低下，解决不了最大限度地解放生产力的历史难题。

土地资源与劳动力资源重新配置需要经过一个中间过渡状态，然后再转变成新的组合，同时表现出生产力的明显提高。随着农业生产力水平的提高，要求改变劳动力资源与土地资源的组合方式，这种方式的改变需要一定的条件。在一定条件下，打破原来的劳动力资源与土地资源组合的稳定状态，进而形成一种更能表现出资源配置合理的组合。由原来的资源组合向新的资源组合转变，必须具备一定的条件：农村劳动力离开土地转向城市的条件超过(或相当)农民转市民的“能量值”；农村土地与劳动力重新组合的条件超过(或相当)土地流转的“活化能”。

土地资源与劳动力资源的重新配置会产生两种后果：一是资源重新配置之后会降低农村劳动力转移的条件，即这个部门中如果有一种新的资源要素要进入的话相对要容易些(如城市部门的先进技术、思想文化等进入农村)。二是会提高农村劳动力转移的能力，要实现进一步的重新配置资源变得更困难。因此，在一定程度又会抑制资源的再次重新组合。资源经过重新配置后，其内部的结构将发生调整，使之得到优化，并使原来的功能得到改善与提高，因此又会在一定程度上抵消这种反面作用。这种抵消作用的效果将取决于经过资源重新配置后的结构优化程度。如果劳动力转移“门槛”与土地流转的“条件”趋于一致，农村与城市在各方面的差距会不断缩小，最后都处于同一发展水平，这时城乡之间就没有了差别，真正实现和达到了城乡统筹、城乡和谐发展。

(四)农村土地流转的推力与拉力

农村劳动力转移是农村土地流转的内在推力。农业劳动力向非农产业转移,农村人口向城市转移,是世界各国经济发展过程中的普遍现象。随着我国工业化水平的不断提高,尤其是农村非农产业的迅速发展,农业劳动力转移也十分迅速。20 世纪 80 年代中期以来,重庆各区县都有不同数量的农村劳动力流向重庆市区及全国各地。外出务工收入已经成为农民收入的主要来源和重要组成部分。在农村土地资源得不到合理安排的情况下,农业劳动力的转移也在一定程度上带来了农村土地的撂荒与低效利用问题。然而在这些转移的农村劳动力中,部分农户已不能或不愿耕种土地,但由于农村社会保障问题得不到根本保证,他们为了将土地留作今后的生活来源的退路而又不愿放弃土地承包权,在缺乏有效的土地流转机制的条件下,只能将土地低效利用或撂荒。而农村土地资源的低效利用及撂荒也在一定程度上带来了土地产权主体的利益损失。随着国民经济的增长,非农产业的发展和农村富余劳动力的流动,加上农产品供求关系发生阶段性的变化,以土地经营为收入主要来源的农民收入增长缓慢,土地经营对农民生活、生产的重要性有所下降,非农产业高收入的“拉力”和土地经营低收入的“推力”使土地流转的速度有所加快。农村劳动力转移促进了农村产业结构调整,推进了农村第二、三产业的发展,对农村经济的稳步发展起到了积极的推动作用。

(五)农村土地流转与城市化

在社会主义市场经济及工业化、城市化等多种外力综合作用下,城市土地面积扩大,农村土地面积减少。城市土地规模的扩大就意味着农村集体所有制土地要向国有所有制土地转变,这种转变的途径只有通过政府征用。城市化的本质是不断地使农村人口向城市转移、进而融入城市,成为现代城市经济发展的人力资本和主要动力。在其他条件不变的情况下,城市人口的增加,必然导致城市对土地需求的增加,打破原来城市土地市场的均衡状态。要建立新的城市土地市场均衡状态,就要求农村土地向城市土地流转。农村土地随着人口的减少而减少,农村人口减少的比例大于农村土地减少的比例,为农村发展土地规模经济创造了条件，农村土地市场供给增加的幅度小于需求增加的幅度，城市土地价格上涨，更加体现出土地这一要素在经济发展中的重要地位和作用。反之，农村土地减少的比例大于农村人口减少的比例，农村土地市场供给增加的幅度大于需求增加的幅度。农用地的减少必然会使经营农用地的竞争越来越激烈，农民将会更加珍惜土地，影响农用地在农户之间的流转，影响农村土地经营规模，不利农业发展，将进一步拉大我国与其他国家农业发展的差距，在农产品市场竞争中处于不利地位。而在城市土地市场，土地供给的增加大于土地需求的增加，在其他条件不变的情况下，土地价格将下跌，不能很好地体现土地价值递增这一趋势。如果农村人口的减少与农村土地的减少是同比例变动，这对农村土地市场和城市土地市场的影响均不大，对社会稳定发展起到一定作用。所以，需要建立城乡统筹的土地市场。

中国城市发展战略的重要任务和根本目的是通过促进农村人口向城市转移，逐步解决城乡二元结构的状况，为经济发展提供广阔的市场和持久的动力。但是，由于土地城市化快于人口的城市化，没有达到城镇化的目的。城市土地范围不断地向农村土地领域扩展(即政府征用土地)，农民失去土地，城乡户籍制度管制、农民的文化素质等多重门槛阻碍了失地农民的城市化。在农村土地制度改革的同时，也要配套改革其他制度，如户籍制度、廉租房制度等，实施城乡统筹，降低农民转市民的成本，提高小农经济的机会成本，使土地城市化与人口城市化相协调。

由于城乡教育条件、医疗条件的差异，加之人均耕地面积变化及农村非农产业吸纳能力的变化等多种因素的影响，对于农村劳动力向城市迁移起到了积极作用。在城市化进程中，人口的集中所释放出的新的能量，形成一个巨大的城市引力场，对乡村产生了一种强大的引力，越来越多的人、财、物被吸引到城市中来。当城市化达到某一水平时，城市文明的普及随着城市化水平的提高而加快。城市文明的传播、普及，吸引了更多的企业家到城里去投资、创业，从而吸引更多的人口到城市里就业、谋生。农村与城市之间发生相互作用和影响，产生乘数效应。

(六)农村土地市场与农村劳动力

农村土地征用市场，是带有行政强制性特殊买方市场，是合法的土地所有权交易方式。这种土地市场使农村集体土地转为国有土地，使失地农民转为市民，这有利于繁荣城市土地市场和促进农村土地市场的发育和完善，缓和我国当前用地紧张的局面，同时也利于推动城乡统筹发展。

农村集体建设用地市场，是农村第二、三产业用地的土地使用权流转市场。通过这个市场，农村土地价值日益凸显。农村第二、三产业迅速发展，吸纳了农村劳动力，要求调整农村土地使用权，进行土地流转，有利于农村土地市场的发育，有利于土地资源的优化配置，有利于加快农村人口向城市转移。

农村集体内部土地的转让、转包、租赁及入股等活动和农村“四荒地”的出让加速了农村劳动力资源的再配置，活跃了农村土地市场，为实现土地规模经济创造了条件，实现帕累托改善。

由于受行政区内的基本农田保护区、土地动态平衡等规定限制，结果使一些发展潜力大、就业岗位多、应该重点推进城市化的地区难以有效推进，而一些不具备条件推进城市化的地区却在盲目推进。行政区划的限制，在不同程度上制约了土地市场的发展速度，在两个相邻的乡镇集体之间的土地很难通过市场进行调节来达到有效配置，致使土地资源得不到合理配置，两个组织之间的劳动力资源也由于行政界线的限制阻碍了劳动力在两者之间的迁移和配置，或者是缩小了劳动力迁移与配置的范围，以致劳动力与土地这两个要素得不到有效结合。为解决了以上问题，改编土地利用总体规划，应编制城乡统筹规划，协调好人口的城市化与土地的城市化。

农村土地市场与城市土地市场仅有一条通道才能相互“沟通”和“交流”，除此之外，则没有第二条途径可选。现行的土地征用补偿制度激励与约束功能的失调，资源配置效率低和社会保障功能弱化，土地征用制度与其他制度不能很好地耦合，是导致制度效率低的根本原因。也由此使农村与城市两个土地市场之间成为“二元”分割的局面。这样就造成农村土地市场调节作用减弱，市场的透明度不高，两个市场的转换之间很容易产生投机行为，滋生腐败。因此，非常有必要建立城乡统筹的土地流转统一市场，农村建设用地(指标)可以转向城市建设用地，带动农民转向市民。

(七)结束语

家庭联产承包责任制在没有动摇社会主义土地集体所有制的前提下，极大地激发了广大农民的生产积极性，成功地实现了土地所有制与经营权的分离。但这种小规模、分散化的经营模式又在一定程度上阻碍了农业劳动生产率的提高和农村劳动力的转移，影响了我国的工业化和现代化进程。农村劳动力、土地是农村社会生产力发展的最基本的生产要素，要把农民从土地的束缚中解放出来，实现农村生产力的伟大变革，就必须加快农村劳动力向非农产业转移，加快农村土地流转，实现土地规模经营。

16 农村土地流转与土地适度规模经营

农村土地的分散化、零碎化严重制约着农村劳动生产率和土地生产率的提高，大规模机械化生产与经营在土地规模过小的情况下一筹莫展，望“土”兴叹。而实现土地适度规模经营是加快农村经济发展的必然趋势和客观要求，要实现土地规模经营就必须加快土地流转。耕地分散化、零碎化、农村剩余劳动力数量庞大，农村劳动力与耕地面积分配不均，劳动生产率低下，土地生产率增长动力不足，人地资源的配置不合理等。目前，农村大体上出现了以下几种情形：一是土地有剩余但存在劳动力不足的农户；二是劳动力有剩余但存在土地稀缺的农户；三是有相当多的土地且有能力投入资金进行机械化的有一定规模作业但面临着自己所承包的土地分散化、零碎化而难以进行调整使其集中在一起，规模化经营只是一种愿望，不能变成现实；四是有意愿把自己手中的土地转包予他人，但很难找到合适对象或很难得到一个合理的成交价格。通过前面已经探讨过的农村劳动力转移与土地流转的关系，农村劳动力转移与土地规模经营的关系可知，要实现土地流转，则必须实现以农村劳动力的转移为前提，农村劳动力的转移又会推动土地资源的重新配置，使有限的土地向其他土地经营者手中集中，当农村劳动力转移的数量达到某一程度，则会使其他土地经营者手中的土地达到一定的规模，为进行土地规模经营创造条件。因此，有必要分析和探讨农村土地流转与土地规模经营将会给农村带来什么影响以及两者之间的相互关系。

(一)土地适度经营规模的内涵

土地适度规模经营是指根据农业生产发展的客观要求和社会、经济、技术、自然条件的可能，将土地生产要素适当集中使用，从而获得最大经济效益。

所谓土地适度规模经营是指在当地一定的生产力水平下，能够合理而充分地发挥劳动力及其他生产要素的作用，并取得最佳效益的土地经营规模。由于各地的生产力水平不相同，土地的适度规模经营也不一样。当生产力水平提高到一个新的水平时，原来的适度规模则就不一定是新生产力水平下的适度规模，必须扩大土地经营规模，当土地经营规模扩大到能充分利用一切生产要素又可以使得土地收益最大时，就是适度的经营规模。如图 16-1 所示，当生产力水平为 T_1 时，所对应的适度土地规模为 L_1；当生产力水平为 T_2 时，则土地的适度经营规模为 L_2。但土地资源有限，随着生产力水平的无限提高，土地的经营规模扩大减缓，直至停留在规模 L_3 上。

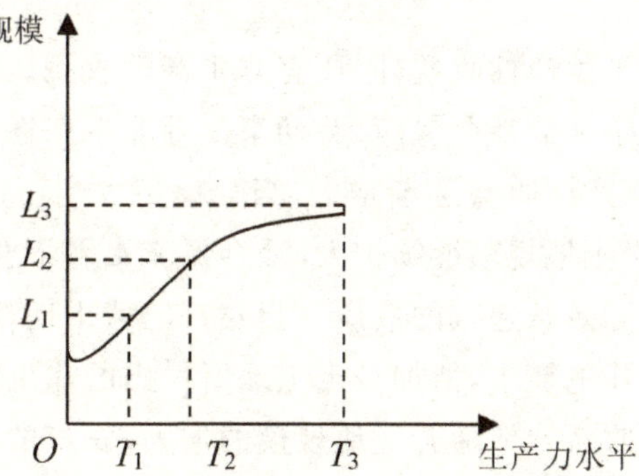

图 16-1　土地规模与生产力水平的关系

农民经营土地就是为了取得一定的收益(由产量和产品价格决定)。假设其他因素不变，生产性收益 T_1、产品的价格 P、土地产量 $f(x)$(土地经营规模 x)的关系为：

$$T_1 = P \cdot f(x)$$

随着土地经营规模的增大，规模效应使土地的生产能力提高。但是，由于边际报酬递减规律，边际收益 $MR_1 = 0$ 时，土地收益达到最大，如果继续扩大土地的经营规模的话，MR_1 减小为负值，会导致规模不经济。当土地的规模小于当时的生产力水平所要求的土地规模时，扩大土地规模的成本小于收益。假如土地成本增加量为ΔC_1，所带来的收益增加量为ΔT_1，$\Delta T_1/\Delta C_1>1$。但是随着土地规模的增加，$\Delta T_1/\Delta C_1$ 会递减，直到趋于 0，增加土地规模所带来的收益小于增加的土地所付出的成本。x 处于 x_0 时，$f(x_0)$最大，这时的生产性收益 T_0 也是最大。则 x_0 就是生产性收益最大时的适度的土地经营规模（见图 16-2）。

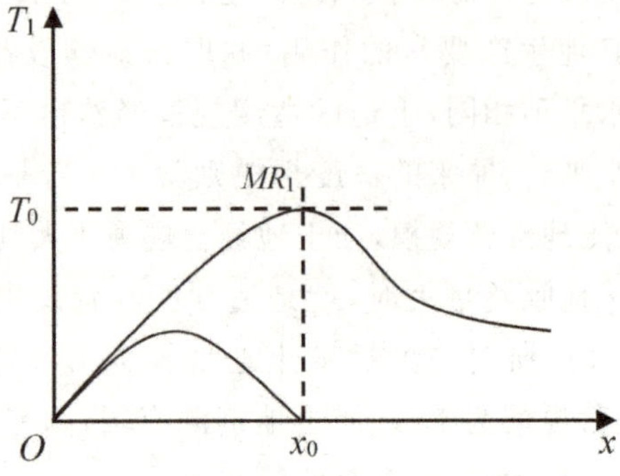

图 16-2　土地经营规模与土地边际报酬

经营土地除了生产性收益外，还有非生产性收益。非生产性收益指农户从事农地经营所带来的社会保障、劳动享受等非生产性效用。随着土地规模的不断增大，非生产性收益逐渐增大，当规模扩大到 x_0 时，社会保障作用就会达到顶峰，如果上地规模继续扩大，社会保障水平不会继续增加，非生产性收益就会出现边际效益递减的效应。当农户经营土地规模较少时，不能满足农户在土地上耕作的要求，增加一定土地所付出的非生产性成本就会小于其得到的非生产性收益。但随着土地规模的增大，农户的劳动享受就会慢慢达到最大，如果再继续扩大土地的规模，就会耕种不过来，劳动享受就会下降。非生产性收益最大时的土地经营规模 X_0 也就是此时的适度经营规模。X_0 满足生产性收益最大又同时满足非生产性收益最大，此时总收益也是最大。X_0 不能同时满足生产性收益和非生产性收益最大时，可调整规模使生产性边际与非生产性边际之和为零，从而达到总收益最大。

对于土地的经营是要付出成本的，如对土地投入的肥料、浇灌、农药、种子等生产性成本，还有为获得土地而付出的非生产性成本——交易成本、使用成本等，总称为土地经营成本。家庭联产承包经营制下，农户的耕地面积小，地块零碎。而此时所投入的生产资料等成本根本不可能得到充分利用。随着规模扩大，成本也会随之增大。由于存在规模经济，当土地规模达到一定水平时，投入成本在一定区间[X_0，X_1]内会增长非常缓慢，接着，再随着土地规模的扩大而迅速增大。其曲线图如图 16-3 所示。这也就决定了其边际成本曲线成“U”形。随着土地规模的不断扩大，边际成本 MC 渐减少，直到 X_0 时边际成本变化是非常小的，几乎不变。如果此时再增加土地规模，边际成本则迅速上升。

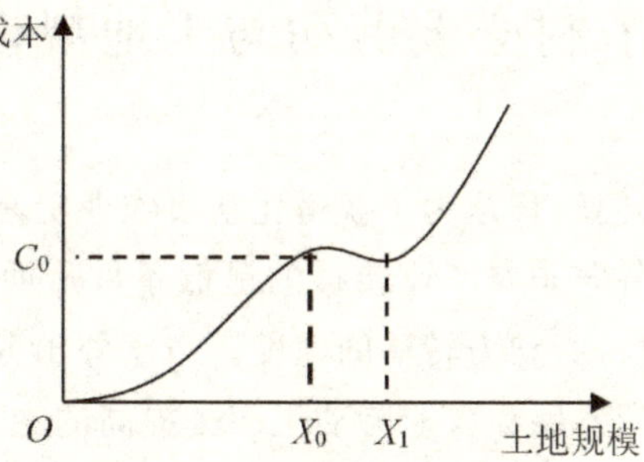

图 16-3　土地规模与生产成本

我们还可以从人们的平均收入水平方面来探讨研究土地的适度规模经营。假设某地区的当地劳动力平均收入为 I_0，L 为劳动力人均耕地面积，K_1 为随着人均耕地面积的增加劳动力的人均收入变化曲线，W 为劳动力人均非农收入，H 为劳动力人均养殖收入，K_2 为劳动力种地的人均劳动收入加劳动养殖收入，如图 16-4 所示。如果完全从事耕地劳动，要达到当地平均收入水平，其耕地规模为 L_1；如果从事兼业，那么要达到平均收入水平其耕地规模仅需要 L_2。我们假设平均每户劳动力人数 N，粮食每亩平均收入为 R，则：

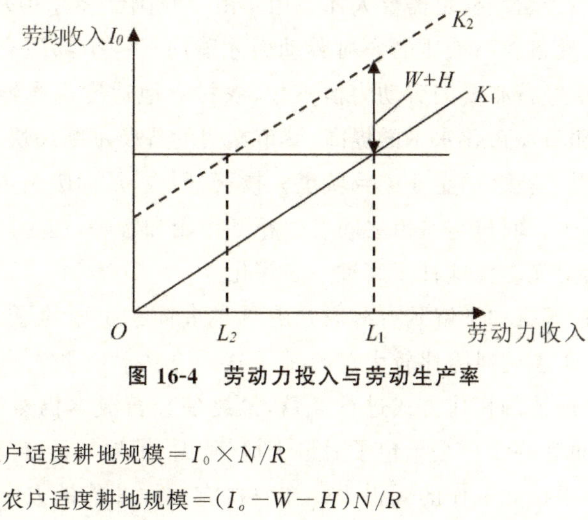

图 16-4　劳动力投入与劳动生产率

纯农户适度耕地规模$=I_0\times N/R$

兼业农户适度耕地规模$=(I_o-W-H)N/R$

显然，这个经济模型只适用于较理想状态。在现实生活中，还存在着某种不足和缺陷。尽管如此，土地适度规模经营在不断的实践中已经逐渐呈现出其欣然乐观的态势，并且以多种表现形式在现实生活中接受检验并取得了很好的效果。

（二）农村必要劳动与土地规模经营

农民向非农业部门转移是为了获得比从事农业更高的预期收益。预期收益的实现，则必须具备向非农产业转移的最低条件。而劳动者受教育程度在很大程度上影响着农村劳动力转移的速度。由于外出务工的均以青壮年的男性为主，这是农业生产发展和农业劳动生产率提高的主力军，是新农村建设的必要劳动力，并不一定是真正意义上的农村剩余劳动力。目前，农村缺了这些劳动力，造成“农业投入不足→低资本形成→低生产率→低产出→农民增收困难→农业投入不足”的恶性循环。土地规模化经营同样也需要有一定技能的劳动者。如果农村剩余劳动力全部转移，土地流转顺畅使分散化、零碎化的土地得到集中，满足大规模机械化作业，那么加快劳动力转移与实现土地适度规模经营并不矛盾。但是，农村必要劳动力转移了，土地规模经营则难以实现。农村中实行土地规模化经营需要的是能够操作农业机械等工具的高素质劳动力，而排斥那些不具备这些技能的农村劳动力。农业需要人才，更需要技术，而先进的科学技术则需要掌握一定的知识水平的人去应用。因此，要发展农村土地适度规模经营同样也需要人才。但是由于我国已经存在大量的农村剩余劳动力，只有具备较高素质的农村劳动力才能向另一个部门有效转移。农村土地适度规模经营必要的劳动力留不住，农村土地适度规模经营排挤的劳动力排不出。随着城市化水平的提高，城市文明的普及不断加快，城市文明的传播、普及，吸引了更多的企业家到城里去投资、创业，从而吸引更多的人口到城市里就业、谋生。农村与城市之间发生相互作用和影响，产生乘数效应。因此，在一定程度上又会使这种矛盾进一步深化。

本项研究在调查中了解到有些农户有承包大面积土地的愿望，但由于自身的技能有限，考虑到风险比较大就打消了这一念头。有些农户因承包大量土地，但还是以传统的耕作方式进行经营，最终使经营成本仍然没有降低，导致增收困难。而有些农户是承包了大量土地（荒山、荒地），且专门请人来经营管理，但是能够承担此工作的人很少。在农村有这样才能的人一般都想自己来经营当老板。

加快农村劳动力转移在一定程度上有助于推进土地规模化经营，但是在一定程度上又会成为进一步推进土地规模化经营的障碍，这与转移农村劳动力中劳动者的素质、技能、转移规模的大小密切相关。

推进土地规模化经营有利于提高农业生产率，会促进农村劳动力转移，但只会对那些不具备土地规模化经营的相关技能的农村劳动力产生“推”的作用，对那些满足规模化经营的农村劳动力又会产生“拉”的作用。城市等非农产业部门同样如此。

对都不满足土地规模化经营的农村劳动力则受到左右两边的推力，从而形成一种强大的挤压力，因此这在一定程度上又会减缓劳动力转移的速度和规模，也会在一定程度上阻碍土地经营的规模化，从而影响其他相关目标实现。

(三)土地规模化经营是农业发展的动力

据统计资料显示，1985 年以来，农业产值尤其是种植业产值的增长较慢，处于徘徊状态，在第一次制度改革——实行家庭联产承包责任制后所产生的促进农业经济发展的效用已发挥殆尽，需要第二次制度创新。在山地和丘陵地区，耕地地块小，大多数的地块面积在一亩以下。土地的家庭承包经营进一步导致土地的细碎化。经过多年的土地流转发展，土地细碎化情况有所缓解，但经营地块过小的情况仍未得到根本的改变。如果这种现状继续保留下去，则农地制度就落后于农业生产力发展的水平，农业生产力就难以进一步提高。本项研究认为进行土地制度的调整，实现土地的规模化经营正是促进我国农业发展的新契机。众所周知，商品的生产都存在着一个适度规模问题。在一定规模上，商品生产的诸要素之间能达到合理的搭配，效益是最优的。当然，农业生产也不例外，对于我国目前存在土地经营规模过小问题，可以通过适当的制度变革，达到土地的规模化经营。而土地的规模化经营相对于家庭联产承包责任制下的地块细碎化经营，具有以下优点：

第一，有利于高新科技和大中型农业机械在农业中的运用，从而降低农产品的单位成本，提高农业经济效益。在家庭联产承包责任制下，地块面积过小，大中型农机具难以发挥其效应。比如，2018 年重庆农用机械总动力达到 1 428.1万千瓦，是 2000 年的 2.43 倍，年均几何增长率约为 4.8%，略快于全国平均水平。说明近年来重庆市有极大的用机械替代劳动力的发展趋势。而实行土地规模化经营后,就可以避免家庭联产承包责任制下固定资产的重复投资和浪费,充分发挥大中型农机具的优势,提高重庆的机械化水平。同时,土地的规模化经营将克服在小块面积上大量使用廉价劳动力而忽视其他生产要素投入的情况,加大农业生产中的科技因素,为发展高效、优质农业做出贡献。

第二,有利于农业产业化经营。在家庭联产承包责任制下,农户的生产规模过小。在实行农业产业化经营过程中,企业为获得稳定的原料来源与农户建立长期稳定的产销关系,农户为了保证产品销路与一定的收入,也需要与企业或市场中介组织联合起来。但是分散的小规模农户与企业,尤其是大企业连接存在着缺乏组织化和约束不对称等问题。实现土地的规模化经营后,由于土地的集中,更有利于确定较少数量的农地经营者的市场主体地位,企业、市场中介组织以及农户之间的责、权、利则更易于界定,大幅度降低了各市场主体之间进行联合的难度与交易费用。而且农地经营者由于拥有更多的生产资料与资金,具有比原体制下更强的抵抗风险能力与融资能力,有利于农业产业化的推行。

第三,有利于农村剩余劳动力的转移及城乡二元化结构情况的改善。1979 年诺贝尔经济学奖获得者威廉·阿瑟·刘易斯提出的“二元结构论”中指出,不发达地区存在着劳动者的劳动生产率为零的状况(Lewis,1954)。而我国由于历史的原因,以及中华人民共和国成立以后的政策因素,城乡的“二元化结构”现象非常明显,农村中存在着大量剩余劳动力。在家庭联产承包责任制下,农村中一方面存在着劳动力闲置的状况,另一方面又由于土地及户籍制度的限制,使得农村中的剩余劳动力得不到合理转移。这样,不但导致大量的劳动力资源浪费,而且导致城乡经济间应有的联系的中断,加剧了已存在的城乡“二元化结构”局面。实现土地的规模化经营,既可以合理地引导农村剩余劳动力向城镇以及农村中的工业部门转移,又可以使得农村的经济得到一个良性发展的机会,促进农村经济的增长,改善我国的城乡二元化结构局面。总而言之,实行土地的规模化经营可以克服家庭联产承包责任制下土地经营过于分散的种种不利之处,促进我国现代化农业的发展,是我国农业发展的必由之路。

(四)农村土地适度规模经营需要土地流转

中国农村经济发展的第二次飞跃是土地规模经营,规模经营是农业生产力发展的客观要求,是农业经济发展的必然趋势,是我国农业发展的方向,是农业现代化的前提。规模经营能面对市场调整农业结构,能根据土地的适宜性归并地块充分发挥其土地适宜性的优势,能降低生产成本、提高规模效益,能实施土地整理、追加投入,能吸纳先进的生产要素提高产品的科技含量。重庆市奉节县采取退耕还园的方式安置移民,对土地进行连片统一规划土地整理,统一技术规格种植柑橘,统一技术管理,分户经营,是政府组织农户联合组成的规模经营模式,效果良好,可见规模经营与农村土地承包制并不矛盾。规模经营与土地细碎化存在着矛盾,目前农户经营分散、零碎,在同一适宜性的连片土地上众多个农户的种植模式各不相同,由于农户生产技术和生产门路不同,农用地结构难以调整,先进的农业生产技术难以施展,难以规划农业灌溉等基础设施建设,土地资源没有优化配置,阻碍了农业生产力的进一步提高。解决这对矛盾的有效途径是农村土地合理、规范的流转。农村土地规模经营与农村土地流转交织在一起,没有农村土地流转,就无法达到农村土地的规模经营。要在农业上引进先进的技术设备进行工业化生产、发展农业生产力、延长农业产业链、实现农业产业化,就要求农村土地规模经营。

(五)农业产业化、工业化和农村城镇化要求农村土地流转

传统农业向现代农业转变,要求农业分工逐步深化,要求延长农业产业链到第二产业、第三产业之中实现农业产业化生产。农业产业化要求传统的农业技术向现代农业技术转变,用现代物质技术来武装农业,实现农业工业化。农业工业化是一次大农业革命,工业化的农业是高度知识密集、高度技术密集、高效能的大农业,是农村综合发展的农业生产体系。这个体系强化了市场对农民和农村经济的导向,使土地利用者不但成为生产的主体,也成为市场交换的主体。农业工业化要求提高农业生产组织化程度,要求农业产业化链条中的各个环节实现规模生产、经营。这就要求调整农民的居住地点和居住条

件，形成一个个较大的集镇，实现农村城镇化。农民在这里进行综合生产，少部分的劳动力直接用于农业生产，大部分的劳动力从事加工、销售等生产活动，农业劳动力的分工和农村人地关系等都发生了巨大的变化，这一变化是农业产业化、工业化和城镇化的象征。农村土地流转是农业通向农业产业化、工业化和城镇化的桥梁。

因此，推进农村土地流转，发展土地规模经营是解放农村生产力，发展农村生产力的客观需要和历史必然。

（六）建立土地流转机制，实行土地适度规模经营

在现行联产承包责任制下，存在着平均主义，为了避免矛盾和纠纷，公平原则通常被放在第一位，效率原则退居其次。在土地承包时，一般将“按人分配”作为数量分配的最优原则，将“分级切块”作为质量分配的最优原则。其分配的结果，必然是土地的零碎化和经营的过度分散。由于经营条件差、水平低的农户，与经营条件好、水平高的农户所承包的土地几乎完全是相同的，这必然导致相当一部分土地在低效益的状态下粗放经营或撂荒，而一部分务农高手又不能尽其所能，一些有志于从事农业开发的企业实体也无土施展才能，土地配置的效率十分低下。因此，建立土地流转机制，在农民自愿的原则下，允许土地适度向种田能手和开发业主集中，实行农业产业化规模经营，这不仅是农业走向市场化的需要，是农业结构调整的需要，也是转变农业增长方式的需要。

土地规模经营是农村土地流转的内在引力。土地规模经营并没有改变承包制的内核，是承包制在容量上的提高，是承包制在实践中的发展和完善，能有效解决农村土地细碎化问题，提高土地经营规模。如果通过行政手段实施土地调整，不仅会使农民采取短期行为，并降低他们投资土地的积极性，使农业生产率受到损害，而且，还会带来很高的谈判成本。而采用农村土地承包经营权流转，则有利于实现土地规模经营。随着重庆市第二、三产业的发展，农民可以从非农业生产中获得更大的利润，而且此种高额利润相对稳定时，农民不但不依赖于对土地的承包经营而且也不希望为土地所束缚。同时有的农民希望进行规模化经营，也必须要通过市场流转来实现土地的集中经营。这时农民就希望土地承包经营权的流转。

17

土地使用权流转形式与土地经营方式

农村土地流转有多种形式，农村土地经营也有多种方式。多种流转形式与多种经营方式结合达到土地规模经营目的。如何选择农村土地流转形式和农村土地经营方式，是一个值得研究的问题。

（一）农村土地流转形式探讨

重庆市农村土地流转的基本形式有转包、出租、托管、土地银行、转让、入股、互换。这些基本形式是农民在自发进行土地流转时所创造出来的，在土地流转市场还不成熟（土地流转市场是抽象市场，没有固定的土地交易场所）的条件下，这些土地流转形式发挥了积极的作用。但是，随着农村生产力水平的提高，要求土地规模经营，这些流转方式显现出其固有的缺点和潜在的问题。下面就每一种流转方式如何进行规范、优点、缺点和要注意的问题进行分析。

1.转包

承包方将其部分或全部承包地的承包经营权有偿让渡给接包方（本集体内的农户、本集体外的农户、企业、单位等），与接包方建立土地承包经营权转包合同，与土地发包方（农业合作社）的权属关系不变，接包方与土地发包方（农业合作社）没有权属关系。在土地转包期间，原承包方的土地收益权、使用权等具有阶段性物权性质的权利归接包方，原承包方保护土地、公共事业负担等义务由接包方代理。转包期满后，经地价评估转包地，若地力增加，原承包方给以接包方补偿;若地力减退,接包方给以原承包方补偿。

转包的优点:巩固了土地承包经营权,土地的主人没有变,在农村社会保障制度尚未完善,农户与土地的情结难以完全割舍的背景下,既可实现土地资源的重组,又避免了农民过早丧失土地,保障了农村社会经济的稳定。

转包的缺点:地块不容易改变,不便于土地整理,土地细碎化的问题仍然没有得到解决。

转包要注意的问题:土地流转双方要明确土地转包后的用途,即土地接包方是否改变土地的用途,转包期满后,土地归还给原土地承包方是什么用途。这些问题在合同签订时要明确。

2.出租

出租方将其自己的部分或全部承包地的使用权出租给承租方(本集体内的农户、本集体外的农户、企业、单位等)。与承租方建立土地租赁合同,与土地发包方(农业合作社)的关系不变(包括权属关系),承租方与土地发包方(农业合作社)没有关系(包括权属关系)。在土地租赁期间,出租方所承担的承包地的权利与义务不变(这是与"转让"的显著区别点)。租赁期满后经地价评估出租地,若地力增加,出租方给以承租方补偿;若地力减退,承租方给以出租方补偿。出租方式流转土地的优缺点及在流转中要注意的问题与"转包"相同。

3.托管

承包方将自己的部分或全部承包地委托给其他人经营(有偿或无偿)。承包方与土地发包方(农业合作社)的关系不变,所承担的承包地的权利与义务不变。托管与出租很相似,不同的是,土地收回使用时,不涉及地力变化的补偿问题。

4.土地银行

土地银行的运作,是借鉴货币储蓄信贷的原理,续短为长,把短期土地储蓄及托管积累为中长期可规模化利用的土地。把农村土地承包经营权价值化,农户将自己不愿种或没有能力种的土地存到土地银行,收取一定的利息;土地需求者通过土地银行付利息贷出土地使用。土地银行"吃"存贷差。通过土地银行进行土地流转,流转双方不直接签订合同,其流转的程序为:土地承包者到土地银行办理土地转出手续—转入方到土地银行办理土地转入手续—转入方带着土地银行的转入手续到土地发包方、到乡(镇)农业承包合同管理机构鉴证、登记、备案。对于某一地块,存贷时段不一定完全一致,农户收回储蓄到期的土地不一定是原来转出的地块,可以是与原来转出地块等价的地块。这样使农村土地使用权抽象化、资本化。"利息"的计算,需要建立一套农村土地地价评估系统，根据土地的级差地租理论来对各类土地定级定价，根据土地的定级定价来确定土地存贷利息。对于已收储但尚未贷出的土地，土地银行应承当保养增值的责任。对于已贷出的土地，银行应监督其用途，防止地力下降。贷入土地使用期到后，对土地再次进行评价，如果地力降低，土地质量退化，要求土地使用者给予一定的补偿（由土地银行收取补偿费）；如果土地使用者给予了土地投资，改善了耕作条件，提高了地力，土地银行给予一定补偿，其费用在下一轮贷出中收回。这种方式从形式上像返租倒包，但内容和实质完全不一样，它是一种市场行为，转出和转入完全是自愿，保留了土地承包者的主体地位。

土地银行的优点：使分散的、短期的闲置土地向中长期规模利用转化，并保障农户可随时收回储蓄的土地，满足了农户寻求保障、安全和收益的心理。同时，解决了短期闲置的土地难以规模化利用及供求脱节的问题。

土地银行的缺点：这种方式的土地流转需要与之配套的地价评估系统，涉及面宽，实际操作难度大。

土地银行要注意的问题：转入方的规模不能过大（要有一定限制），以防垄断或寡头垄断。另外，注意建立“备提土地库”（类似银行准备金），用以应付农户随时退出土地储蓄。

5.转让

原承包方将其自己的部分或全部承包地的承包经营权有偿让渡给本集体内的其他农户（新的承包者），被转让部分的土地承包关系由发包方与新的承包者签订承包合同，原承包方与新的承包者建立土地承包经营权转让合同，变更土地承包经营权手续，原承包关系终止。原承包方所承担的承包地的权利与义务转到新的承包者，由新的承包者承担。

转让的优点：便于土地整理、归并地块，土地资源重组，土地细碎化问题可以得到解决。

转让的缺点：土地承包经营权移位，土地的主人改变，在农村社会保障制度尚未完善的条件下，转让方失去土地后就业风险大。

转让要注意的问题：转让方在较长时期是否有稳定的收入来源，或者，是否有稳定的非农就业。

6.入股

承包方以土地承包经营权作为股份，将土地长期承包权变成长期股权，明晰个人拥有的产权权能，参与农业生产性的股份制和股份合作制生产经营。以有限责任规避经营风险，通过土地入股分红，建立吸引土地入股参与产业经营的利益激励机制和收益增长机制。原承包方与土地发包方(农业合作社)的关系不变,所承担的承包地的权利与义务不变。股份参与的组织者可以是农业合作社,可以是农业企业,也可以是农业协会,等等。

入股的优点:通过引入股份制因素和资本符号化,发挥股份易于并购、重组的特点,扩大流转空间,降低交易成本,土地容易向种田能手集中,实现土地规模经营。

入股的缺点:股份的可比性及股份的具体量化很难把握。

入股要注意的问题:首先是管理的市场意识和民主意识问题;其次是股份进入市场再流转的问题。

7.互换

土地互换是在对土地依赖较大的村民之间通过协商交换承包地的办法,达到规模开发、避免土地细化的目的。土地互换是本集体内部的农户之间将部分承包地或全部承包地的承包经营权进行互换(不须签订互换合同),互换双方都与发包方重新签订承包经营合同,重新确立新的承包地的权利与义务,完善土地承包经营权的变更手续。

互换的优点:适应性范围广、手续简便,适合于农业人口分流进展缓慢的土地流转,有利于农户追求专业化生产的要求,有利于农户"控制土地、独立经营、拥有生活保障"的要求。

互换的缺点:户营土地规模扩不大。

互换要注意的问题:要重视加强土地互换的合同管理,坚持"自愿换出原则",协调好互换土地差异的补偿问题。

(二)农地经营方式

目前,农业经济形式主要是家庭小农经济,要提高农业生产效率,就需要通过农村土地流转逐步改造这种经济形式,同时采取相应的经营方式。对此,本项研究提出农户经营、合作经营、企业经营、企业带动农户经营、土地入股农户经营等五种经营方式,并采取相应的土地流转方式,体现对现有经营形式的改造。

1.农户经营

农户经营是最基本的农业生产经营方式。实施农村土地承包制以后,农村土地集体经营逐步削弱到消失,从双层经营到农户经营,农村集体经济大多数名存实亡，农村土地承包经营实际上变成了农户经营。农户经营也是将来主要的农业生产经营方式。绝大部分土地承包是按家庭人口进行平均分配的，土地承包经营权逐步变为准所有权。特别是取消了农业税以后，农户与集体的关系更加松懈，农户的经营自主权更大。农户经营就是以农户为一个农业生产经营单位进行生产、经营、核算，自主经营、自负盈亏。目前，农户经营的普遍问题是规模太小、地块细碎化，规模不经济，农业生产成本高，种地的经济效益低。农业劳动力富余，大量的农业劳动力外出务工，留在农业上的劳动力大部分是法定劳动年龄以外的劳动力，不是劳动力的劳动力在支撑着农业。由于农业生产的季节性，农忙时劳动力不足，外出务工的农民回家支农，这又增加了农业生产成本。农业已沦为农户的副业，家庭中的主要劳动力不从事农业，家庭中的主要经济来源不是来自农业。农户经营发展的方向是，土地逐步归并，土地适度规模经营，农业专业化生产，农忙时顾工、农闲时自己管理，降低生产成本，提高土地的利用效益。农户土地适度规模经营是通过互换、转让、土地银行等土地流转方式归并土地而形成的种植专业户或家庭农场。

农户经营的优点：管理成本低，生产经营灵活，转向快，适应市场的能力强。

农户经营的缺点：抗风险能力差，农业科技推广难。

农户经营要注意的问题：根据不同的地区、农户本身的农业生产技术水平、社会科技水平、社会经济条件、地形地貌、自然条件、土地利用方式等确定农户适度土地经营规模。

2.企业带动，农户经营

企业选定产业化、专业化农业生产项目，圈定项目用地范围，向项目用地范围内的农户提供技术和一定的资本投入，与农户签订产品收购合同(不签土地流转合同)。农户与土地发包方的承包关系不变，企业与土地发包方没有关系，形式上是订单农业。但企业要组织生产，要承担一定的风险。农户按企业的要求在其承包地上劳动(或雇工)，进行独立成本核算，自负盈亏，有独立的经营权，农户保留了土地经营权。企业占有了农户承包土地的使用权，决定土地种什么、怎么种等。企业与农户联合生产，农村土地承包经营权中的使用权与经营权相分离，农户还可以将这种经营权(通过转包、转让、出租等形式)有偿流转给其他农户。这是一种农村土地承包经营权的使用权流转，农户让渡土地使用权给企业，企业给农户土地使用权的交换价值，一部分表现在企业对农户的资本投入、技术投入，另一部分隐藏在农户出售的产品中。这是一种订单式的部分承包经营权流转。这种方式最适合发展农业绿色品牌特色商品。

企业带动农户经营的优点:吸纳了社会资本投资农业,在目前农业投资不足、撂荒地较多、农业商品化程度比较低的情况下应推广这种方式,应鼓励城市工商企业投资农业,实施大城市带大农村,改变农业经济增长方式。

企业带动农户经营的缺点:仍然是土地零碎化和分散经营。

企业带动农户经营要注意的问题:企业和农户是不同利益的主体,各自追求利润最大化,而企业又处于垄断地位,有可能出现压级、压价和劳动成果分配不公的现象。

3.企业经营

为将农业产业链延伸到第二、三产业中去,工商企业进入农业,民间资本进入农业,企业通过土地银行、出租、转让、转包等土地流转获得土地的经营权,按照现代企业制度进行经营。在这种经营方式中,市场引导企业生产,企业领导农业生产,土地利用仅是农业产业化生产中的一个环节,种植(或养殖)是企业的一个生产车间,是企业延伸农业产业链、进行农业产业化经营的基础。农副产品的加工—深加工—销售是企业提高农副产品附加值的有效途径。在一个企业内部,包含了第一、二、三产业生产,实施农业产业化经营。企业根据其生产最终产品的需要,决定土地利用的方式,把土地利用与农业产业化生产结合起来。农户将承包地有偿流转给企业后,到企业务工,获得劳动工资,农民成了农业工人,工商企业成了农业产业化企业。

企业经营的优点:有利于增加农业投入,改善农业生产条件;有利于土地的规模经营,降低生产成本,增强农业的市场竞争能力,降低农产品的市场风险;有利于提高农业现代化水平。

企业经营的缺点:企业与农户各自为了自己的利益而容易发生矛盾。

企业经营要注意的问题:解决好失地农民的就业问题。

4.土地入股,企业经营

农户将承包的土地使用权以入股的形式流转给企业,由企业决策生产什么、怎样生产。企业选定产业化、专业化农业生产项目,对项目用地投资,组织生产、经营,进行独立成本核算,自负盈亏,承担风险。企业与项目用地范围内的农户签订土地入股合同,每年付给农户土地入股保底费(不管企业盈亏,业主都要付费,降低农民的风险),还在盈利中分一定的红利给土地入股的农民。农户可以将土地的收益权进入市场流转(股份变为"股票")。农户与土地发包方的承包关系不变,企业与土地发包方没有关系。这种方式适宜于交通比较便利、同一适宜性土地类型比较集中的地方。

土地入股,企业经营的优点:降低了农民的风险,企业与农户的利益联系在一起，农民容易接受。土地入股，企业经营的缺点：股份的可比性及股份的具体量化很难把握。土地入股，企业经营要注意的问题：股份进入市场再流转的问题。

5.合作经营

为了规避风险，降低农业生产成本，提高市场竞争能力，农户之间在自愿互利的基础上进行联合，成立农业专业化生产（即某一单项生产）协会（如果树协会、蔬菜协会等）。协会确定经营目标、经营方向、统一策划等，组织生产，联系市场。协会对其会员提供生产经营服务，为生产的产前、产中、产后的市场信息、技术信息等提供服务，收取适当的服务费，但协会不是营利机构，协会会员从协会的服务中获益。协会对外参与市场竞争，追求利润最大化，为协会会员争得利益。协会会员可以是农户，也可以是专业生产合作社。

协会会员是专业生产合作社。由协会牵头组织专业生产合作社（这个专业生产合作社可以是现在的农业合作社，也可以不是），由专业合作社将适宜该项专业生产的零碎土地进行归并，按企业的经营管理方式组织农业专业化商品生产，实施农业生产区域分工。农户的承包土地由分散到集中，农户的全部承包地或部分承包地与农业合作社签订土地入股合同，农户按土地入股分红。专业生产合作社在银行建立账户，实行独立核算，风险共担，利益共享，各农户的利益分配按土地、资本、劳动等要素进行分配。

协会会员是农户。协会会员之间有明确的分工，内部管理实行民主集中制管理，协会的首领及其组织机构由民主选举，协会不同于集体经济的统一经营，也不同于农户个体经济的分散经营。它是统一经营与农户的分散经营相结合的双重经营，农村土地承包经营权在协会与农户之间分割，其分割的比例视其土地利用方式及其生产性质而定。

合作经营的优点：抗风险能力强，市场竞争能力强，农业科技推广快。

合作经营的缺点：管理成本高，内部意见不易统一。

合作经营要注意的问题：协会是市场行为，不是政府行为。协会是农户自愿互利的组织，农户可自由进出这个组织。

6.股份经营

股份经营需要成立股份合作社。凡以土地入股的村民即为合作社成员相当于股东。由全体成员通过选举产生股份合作社领导机构，从中推举产生主要负责人员。合作社成立后，农民以土地使用权入股，农民的使用权转换为资本化了的土地股份。所有生产经营活动由股份合作社领导层集体决定，由生产经营负责人负责实施。土地、生产工具、生产资料等由合作社统一调配、统一安排。实行集约化经营,做到统一供种、统一耕种、统一管理、统一销售、统一结算。农民虽然在形式上不拥有土地的使用权、经营权,但拥有土地的股份权、土地股份转让权、土地股份的继承权,土地分红权。进一步完善了农地集体所有制,农民成了土地的真正主人。土地股份合作制将集体所有的土地全部折成股份,量化到农民个人。这种产权设计,既明确了农民对土地的权利,又建立了股份合作社的法人权利,进一步理顺了农村土地产权关系,形成了农民个人拥有产权基础上的新型的土地合作制度。真正做到了产权关系明晰,产权结构合理,主体清晰,利益分配合理。解决了困扰传统农地集体所有制的所有权主体虚置、产权结构不合理的问题,有效地克服了传统集体产权未能量化而导致的产权模糊、外部性等问题。通过股份制的改造,农民获得了土地财产权与使用权,从而成为土地的真正主人与市场主体,真正调动起了农民的生产积极性。有利于实行土地适度规模经营,优化配置有限的农地资源,也有利于土地的保值增值。土地股份合作制的建立,形成了以效率为基础的土地使用制度。

(三)土地流转方式与土地的经营形式

上面探讨了农村土地流转的形式,这些形式对于推进农村土地规模经营有其固有的缺陷,其主要问题还是在这些形式的实现方式上。解决这个问题的有效方法是通过市场(实体市场,有固定的土地交易场所)流转或通过中介流转。以上多种土地经营方式可以归纳为两种:农户经营和企业经营。农户经营不同于小农经济,而是专业化规模经营的农户。企业经营指社会资本进入农业进行农业规模化、产业化经营。两种土地流转形式和两种土地经营方式可进行不同的组合,从而推动土地规模经营。

18

农村土地市场运行制度研究

社会主义市场经济是农村土地市场的制度基础，农村土地承包经营权物权化是农村土地市场的理论基础，《中华人民共和国农村土地承包法》是农村土地市场的法律基础，在这三个基础上建立的农村土地市场有别于一般商品市场。这个市场是抽象的，要赋予这个抽象市场实质内容。农村土地市场由农村土地所有权市场和农村土地使用权市场两部分组成。农村土地所有权市场是农村集体土地产权主体向国家有偿转让土地所有权的关系总和。该市场由国家垄断，只有单向的流动。农村土地使用权市场是农户与农户、农户与企业进行交易的市场，在这个市场上，除所有权以外，附着在土地上的各种权能都可进行流转，并签署土地流转合同。要把抽象的农村土地市场变为实体农村土地市场，每个镇（乡）有固定的土地流转交易场所，有稳定的市场管理班子，有土地交易服务设施，为土地交易提供以下服务：

为土地交易洽谈、招商、展销、招标拍卖会、法律咨询等活动提供场所。

提供土地交易电子屏幕，通过屏幕显示土地供求信息、发布土地交易情况，使土地交易双方便捷地获得可靠信息，降低土地交易成本。

提供土地交易参考价格（地价评估的价格），土地交易价格根据市场供求情况围绕着参考价上下波动。

提供土地地籍电子档案。电子档案记载着每宗地的区位、土壤理化性状、土壤肥力等质量指标。土地供给者带着土地承包证书和户籍证明到土地市场登记欲将交易的地块（承包经营权），土地需求者迅速从土地地籍电子档案核实该地块的相关信息，并及时与土地供给者讨价还价，达成协议。

农村土地市场的运行，还需要有配套的制度建设。

（一）农村建设用地流转制度

耕地占补动态平衡制度。在较大范围内平衡利用土地，异地有偿调剂建设用地与基本农田保护指标。加大土地开发整理，加强对采煤塌陷地、矿山废弃地、废河滩地、旧村庄的复垦开发，适度开发荒山等未利用土地；对农业产业化中圈舍建设占地尽量采用剥离耕作层，保护耕作层，不占用耕地指标。在不减少基本农田总量、不降低基本农田质量的前提下，允许建设用地指标和基本农田保护指标在不同地区之间进行有偿调剂。统筹新增耕地指标收购管理，统一标准新增耕地指标的收购。指标调剂的平衡原则：城镇建设占用耕地占补平衡由农村新增耕地指标有偿调剂。

城乡统筹土地流转制度。改革和完善农村集体建设用地市场，正确处理城市土地市场与农村土地市场、集体土地所有权与国有土地所有权的关系，建立城乡统筹的建设用地市场。国有、集体两种产权同一市场一体化运作，赋予集体土地与国有土地同等的权利，将其纳入规范管理轨道，农村集体建设用地与国有土地“同地、同权、同价”。农民的宅基地、农村公共设施用地、乡镇企业用地等农村建设用地与城市建设用地进入同一市场进行交易，土地交易双方在土地市场直接谈判论价，不通过土地征收转为国土地再用于商业建设与开发。政府的角色由主导土地市场转为引导土地市场，政府的收益由交易土地收益转为（收取）土地交易税收收益。开放农村建设用地的一级市场，允许农村集体建设用地按自愿、平等、有偿的原则，以出让、转让、出租、置换、作价出资或者入股、合作或联营等方式流转，盘活农村建设用地。

建设用地使用制度。支持城镇化程度高、经济较发达、有条件的区县通过土地市场公开交易集体建设用地，用于商业、旅游等经营性项目建设；经依法取得的集体建设用地可设定抵押权；因转让、出租、抵押地上建筑物导致村民住宅用地使用权转移的，村民住宅用地随之流转。新宅基地申请打破分村审批制，在一定区域内统一规划居民点。对于确实没有经济实力或农业劳动不方便的农户，允许购买已搬迁农户的老宅基及其房屋作为过度。农户的老宅基地有条件的流转，规定购买的最长年限，同时规定对房子只能维修而不能翻修，到期前可以依法买卖，到期后政府只补偿房屋残值，土地无偿收为国有。

建设用地流转收益制度。集体土地所有者出让、出租集体建设用地使用权所取得的土地收益应当纳入农村集体财产统一管理。其中 50%以上应当存入银行(农村信用社)专户,专款用于本集体经济组织成员的社会保障安排,不得挪作他用。集体建设用地使用权转让发生增值的,应当参照国有土地增值税征收标准,缴纳有关土地增值收益。

(二)农村土地市场管理制度

1.管理职责

区(县)、镇(乡)建立农村土地承包经营权流转专门管理机构,对土地承包经营权流转过程及流转后土地利用进行管理,其管理职责如下:

土地用途管理。农村土地承包经营权流转后,监督土地使用者严格按照土地利用总体规划决定其用途。

土地市场管理。制定农村土地流转市场管理的细则,办理土地流转手续,调解土地流转纠纷,维护土地流转市场的正常运转。

土地流转执法管理。建立土地交易规则和交易程序,规范土地流转市场,防止欺行霸市,防止强行流转。纠正不按规则进行交易的行为,对拒不改者依法查处,创造良好的土地市场交易环境。

土地的质量管理。国土部门和农业技术部门要建立一套土地质量变化监测系统,向土地使用者、土地所有者和土地管理者提供水土流失、地力下降等土地质量变化信息。土地质量变化监测的数据是地价评估的依据,为土地流转定价提供参考。土地转出者收回土地时,根据土地质量变化监测的数据判断土地的地力提高或降低多少,再根据地价评估计算土地转出者向土地转入者赔偿(若地力提高)或索赔(若地力下降)多少。

土地流转档案管理。建立土地流转登记制度,把地籍管理的范围扩大到农地,把地籍管理的机构延伸到乡(镇)、村。村、社对每一宗地都要建立地籍档案,要设置村、社土地承包登记簿及流转台账,做到承包合同、经营权证书、实际承包面积、土地承包清册、流转台帐"五相符"。

2.管理秩序

政府在土地流转中的职能定位——制定政策、引导、服务、执法和管理等。

县(区、市)政府部门制定土地流转政策、建立适合本地实际的土地流转制度、进行土地流转技术指导、规范土地流转规程,把握土地流转方向。

乡(镇)政府部门负责土地流转合同管理、农业开发项目引进、土地利用规划、地价评估等工作。对上负责，执行政策；对下负责，搞好服务和管理。

村民委员会负责落实土地利用规划、落实农业用地结构调整、监督管理土地依法流转、审查土地流转合同、协调土地流转中的各种关系、监督管理土地流转后的用途。对上负责，落实政策；对下负责，协调服务、监督检查。

农业合作社（或村民小组）接受土地流转双方的申请、明确土地流转双方保护土地的责任、按结构调整决定流转后的土地用途，对土地使用者、土地经营者进行土地用途监督管理。如果有违规使用土地，其责任由土地使用者、土地经营者来承担，土地承包者不承担责任，由农业合作社实施对违规行为的处罚。农业合作社对土地流转管理的目标是保护土地，对上级负责，落实规划、落实结构调整；对土地承包者负责，保护土地转出者的利益。如果土地流转私自进行，土地承包者的权利得不到保护，土地违规使用的责任由土地承包者承担。

3.土地用途管制制度

各级政府制定土地利用规划，下级规划服从上级规划，落实规划下级接受上级的监督。村民委员会建立实施规划的措施，严格落实“规划”，对每宗地都要定性、定位、定向、定量。严格以“规划”为依据，制订农地流转用途管制细则，建立农地流转的用途、市场、执法、质量、档案管理。土地流转与开发，严格按规划执行，“土地规划管用途”。规范的农村土地流转市场，要明确土地流转后的用途，要确保土地利用规划的实施。依据土地利用总体规划，实施土地用途管制制度，严格控制农用地转为建设用地。积极盘活存量建设用地，加大闲置土地处置力度，优化建设用地供应布局和结构。建设用地集中统一供应，实施土地收购储备制度，根据市场供求情况适时调整土地供应量，增强政府调控土地市场的能力。

4.土地市场准入制度

除了集体土地被征用（或转让）为国有土地以外，还有集体与集体之间的土地转让。随着社会经济的发展，不同集体之间的土地转让也已是客观存在的事实。由于这种土地所有权转让一般都是由土地利用效率低的流向效率高的，不会改变土地公有的性质。为提高土地资源的配置效率，必须承认和允许土地所有权市场的存在。但他只允许政府和各农村集体土地产权主体出现在市场上，任何私人都不得介入，国家必须通过法律给予严格的监督和管理，并使土地所有权流转渐趋完善和市场化。农村土地使用权市场放宽农村土地流转经营主体的范围，允许各种组织、企业和个人通过农村土地流转，从事农业规模经营；允许各种金融资本、工商资本和民间资本参与农村土地流转。政府对各类经营主体在税收、融资、用地、经营等方面予以支持。在农村土地使用权流转市场上进行土地使用权交易要签署土地流转合同。土地流转合同条款中应包括流转方式、流转面积、流转地块的四至边界、流转期限、流转后的用途、金额、双方的权利与责任、违约责任等。合同要有村委会的签注意见，要到乡（镇）农村土地承包合同管理机构签证、注册、备案。土地流入者不能履行合同，可以与土地流出者协商提前终止合同。土地流出者提前或按时收回土地后可进行再次流转。土地流入者要有使用土地的能力，如果转入了土地将土地荒芜，或将土地倒手流转，或流转后的用途违反了合同之约定，土地所有者可取消其土地使用权，将土地收回到原土地承包者。

（三）农村土地流转价格制度

1.地价公开制度

建立完善的地价管理体系，保障集体建设用地市场健康运转。对集体建设用地价格实行申报及公示制度，并根据各地区不同的经济发展条件建立最低保护价、评估价格确认制度，防止农民集体资产流失和恶性竞争现象的出现。借鉴城镇土地和农用地定级估价的实践经验建立农村地价体系和估价体系，政府公布基准地价，并根据经济发展和土地市场供需状况及时进行动态调整，标定地价要以基准地价为基础，依据地块大小、位置、容积率、形状、使用年限和市场情况等进行评估，并定期公布。

2.低价评估制度

完善土地市场价格形成机制，建立和完善能真实反映土地市场供求、土地价值和土地资源的稀缺状况的土地价格形成机制，实现土地资源的市场化配置。组建地价评估系统，科学地进行农村土地估价，计算土地价格采用计算模型：

$$y=(\sum u_i a_i+\sum w_j b_j+xc)\cdot v$$

模型中 y 表示土地价格、u_i 表示自然环境因素权重、w_j 表示社会环境因素权重、x 表示市场因素权重（$\sum u_i+\sum w_j+x=1$）；a_i、b_i、c 分别表示自然环境因素、社会环境因素和市场关于土地的某种用途利润最大化的满足程度（$0<a_i<1$，$0<b_i<1$，$0<c<1$），v 表示自然因素、社会因素等完全满足利润最大化时的最高地价。

按土地流转价格模型计算出土地流转价格，制订出各等级、各用途的土地的流转参考价格，为建立规范的基准地价和协议出让土地最低价提供参考，为土地征用补偿提供参考，为土地使用权流转提供参考。运用价格机制抑制多占、滥占和浪费土地的行为，提高土地利用率，促进土地集约使用和节约使用。

3.地价监测制度

制定统一的土地调查监测技术标准，明确土地调查的范围、组织实施程序、调查成果效力等，确保监测成果的标准化，提高土地调查的权威性。完善土地调查技术规程、城镇地籍调查技术规程、土地勘界技术规程，制定城乡一体化地籍数据库标准。加强对土地利用现状、土地价格的动态监测，规范土地流转市场秩序。完善土地遥感监测技术规范和标准，建立遥感监测的组织、计划和成果应用等管理制度，确保监测工作的规范化。

4.土地登记制度

土地登记是土地估价及土地管理的重要资料。土地流转的方式、土地流转的过程、土地流转发挥的效益、土地流转合同执行期间有无违约违规行为，等等，都要有完整的记录记载，建立土地流转登记制度。把地籍管理的范围扩大到农地，把地籍管理的机构延伸到乡（镇）、村，实现城乡土地登记全覆盖。村、社对每一宗地都要建立地籍档案，对每一次土地流转都要存档，要造册登记，要设置村、社土地承包登记簿及流转台账，做到承包合同、经营权证书、实际承包面积、土地承包清册、流转台帐“五相符”。在乡（镇）土地流转管理机构中要指定专人负责，在村民委员会也应有专人管理。凡进行土地流转，都必须到村民委员会、乡（镇）登记。建立统一机构、统一程序、统一效力的不动产登记制度，建立预告登记、异议登记、公告登记制度，建立土地登记官制度、土地登记赔偿制度，建立土地登记资料查询制度。建立完善土地登记代理人制度、土地登记自我举证制度。通过土地利用现状更新调查、土地利用数据库建设、农村土地登记工作，建立市、区（县）、镇（街）三级资源共享的农村地籍管理信息系统，并最终建成城乡地籍管理信息交换网络。进一步规范土地登记等地籍档案资料，扩大土地登记查询社会化服务范围；应用土地抵押登记资料，逐步开展土地抵押风险监测。

（四）土地流转补偿与风险防范制度

1.严格限定土地征用的适用范围

在促进工业化与城镇化的快速发展的同时，严格规定农业用地向建设用地的转变。从公共利益的需要出发，政府征地权严格用于纯公益事业或准公益性事业；非公共利益性质的用地交易，限制政府动用强制性征地，尽量交由市场机制加以解决，让用地者自己与农民集体和承包农户平等谈判协商取得土地使用权，并承担全部失地农民的生活保障。以相关法律、法规约束公共权力，规范政府行为，限制集体经济组织以各种形式侵蚀农民的土地补偿费用，保证农民的知情权与参与权，使征地过程纳入规范化与法制化轨道。

2.建立市场化的因地制宜的征地补偿办法

切实维护非农建设征地中农民的合法利益，不应简单地视为支付赔偿或置换原有资产，而应把实现被征地农民的“可持续生计”作为征地安置政策的基本目标。充分考虑农村经济发展和农民经济增长的实际，以农民征地补偿费全部进入社保测算能领到城区最低生活保障金作为参照系数，将现行补偿标准适当提高。坚持市场化方向，根据区域发展总体规划，按区段、地类等将土地划分成若干个区片，每一片区确定一个相对合理的基准地价，实行统一的补偿标准。兼顾国家、市场征占主体和农民利益，对纯公益性项目用地、准公益性项目用地，以及开发性项目用地，采取分类征占补偿方法，切实保障农民作为市场主体的利益。将土地补偿划分为土地本身补偿和恢复生产补偿两大类，分别进行补偿。通过土地纯收入资本化的方法进行土地本身的补偿，通过权威性的评估机构对土地被占而停产所造成的损失、荒地开垦的耗费、变换新生产项目而新增的初始投资等进行科学评定，实行恢复生产的补偿。在征地补偿内容上，除了补偿土地价值、劳动力安置、青苗损失及地面附着物外，还要增加农民土地正常收益权损失、土地的潜在收益损失及相邻土地的损害。

3.土地收益使用分配制度

将土地出让金和征地支出纳入政府特别预算，进行专项管理。建立国有土地收益基金，从土地出让收入中预留一部分资金，以保证城市建设和发展的可持续性。基本设想是从每年的土地出让收入中划出 30%的比例，建立国有土地收益基金，省(市)级的国有土地收益基金主要由 30%的新增建设用地土地有偿使用费和 10%的土地出让收入组成，主要用于大型建设项目的农地征收的补偿；区(市)级的国有土地收益基金由 70%的新增建设用地土地有偿使用费和 10%的土地出让收入构成，主要用于农地征收的补偿；县级国有土地收益基金由 10%的土地出让收入构成，作为地方财政储备的重要组成部分，当期政府使用国有土地收益基金的比例不得超过 40%，主要用于土地的收购储备。同时，应建立完善的国有土地收益基金投资制度，以保障国有土地收益基金保值增值。

4.土地流转风险防控制度

在区县、乡镇土地承包和流转管理部门建立风险预防、控制和处置机制。首先,乡镇农业承包合同管理机构和村委会应对较大规模流转土地的业主的资质和资信状况进行审查,土地流转合同由乡镇备案。鼓励流转双方办理合同公证。其次,工商企业等投资开发农业,应首先招用原土地承包者务工,并引导主要从事产前、产后服务和四荒(荒山、荒沟、荒丘、荒滩)资源开发,发展订单式农业,以公司带动农户,避免搞粗放经营或变相商住。同时,有条件的地方,设立土地流转风险资金,探索建立农村土地流转保证金制度和土地复垦保证金制度。业主每年应交纳一个合同年的租金和复耕费作为风险保证金,并把风险保证金写入合同条款中,以防范业主因经营困难等原因无法履约的情况发生,合同到期无纠纷发生,风险保证金如数退回,并建立合同档案管理制度和纠纷调解仲裁制度,有效调解和仲裁合同纠纷,保护集体和农民利益。

(五)农村土地流转推进制度

1.完善与土地征用制度相协调的配套体系

建立并完善土地储备制度,协调供需矛盾。明确土地收购、储备行为的法律性质是一种国家公共权力对土地供应的介入,赋予政府在收购土地上享有的强制性和优先权,体现国家的宏观调控和积极干预。同时,严格规范政府行为,保证最大限度地按照公共利益开展土地储备工作。将所有要推向市场的经营性用地一律实行先储备后供地的制度,对收购的土地进行筛选,涉及基础设施建设的土地由财政支付费用。收购储备土地与区域的发展规划相衔接,达到经济效益、社会效益、生态效益三者的统一。供地的时间相对分散,避免集中推出。将土地收购储备和供应计划与经济发展计划、用地计划、旧城改造计划、房地产开发计划、资金筹措计划等有机结合起来,把有关责任分配到各职能部门,建立在政府层面上由各个部门参与的、保证部门职责进一步到位的新型管理手段。

对被征地农民做好公正补偿的同时,安排好农民出路,使农民城市中的生活得到保障。失地劳动力所在地区有责任建立就业服务中介组织,帮助农民尽快在非农业岗位上就业,劳动和社会保障部门组织失地劳动力实行免费就业转岗等职业培训,提高他们的适应能力和就业竞争能力。

建立畅通的农民利益表达机制和维护机制。强化村委会的自治功能,弱化其行政组织功能。探索建立由农民群众自愿参加的具有法人地位的农协一类组织，使其应成为沟通政府与农民的中介组织。通过它，农民的愿望和合法要求可以通过正当的秩序化的渠道得以表达，一些突发事件也可得到缓冲和调解。另外，这种维护自身权益的组织更容易受到农民的信赖，权益受侵害的农民能更敢于通过法律手段维护自己的权益，这样更有利于社会的团结和稳定。

2.建立土地流转激励机制，增强土地规模化经营的长期性和稳定性

加快改善农业基础设施建设和扶持农业专业合作组织、规模经营户发展，并对农地流转开发的手续和税费进行简化、减免。对农业龙头企业兴办的生产基地、农业示范区和种子种苗基地带动农户效益明显的，在规模经营达到一定水平的给予补助。简化种养大户的生产贷款手续，对规模经营大户，提倡由个人申请，经镇乡、街道确认，农村信用社审定，发放“支农信用卡”或“贷款信誉证”。信用社应允许一些种养大户采取权证抵押、联户担保等办法，尽力为其提供生产贷款。种养大户和其他规模经营单位，因生产发展需要建造简易仓库、晒场、大棚或温室、围塘养殖、畜牧场等生产设施的用地，可视作临时农业用地，土地管理部门要优先安排，审批手续从简并免费。开通农产品绿色通道，确定运输路线，季节性的发放给水产品、西瓜、无公害蔬菜、竹笋、茶叶等主导产品规模经营户，减免县内各收费站的车辆通行费。

3.农业产业化鼓励制度

政府要设立农业产业化发展基金，给予农业产业化项目专项经费补助，土地经营规模和投资规模越大，补助越高。补助经费用于农业产业化生产基础设施建设，营造良好的农业投资环境，鼓励社会资本投资农业。投资商投资农业有利可图，将把投资的目光投向农业，增加土地流转的需求，转变目前土地流转需求不足的状况。通过市场机制（增加需求）提高土地流转的价格，解决目前因土地流转价格过低和零价格导致农民不愿流转土地的问题，从而维护农村土地承包经营者的权益。

4.农民转市民制度

土地保障功能是阻碍农村土地承包经营权流转的一大障碍，农民把承包地当作非农收入“断线”后的退路。如果解决好了农民就业、养老保险问题，就削弱了土地的保障功能，就降低了农村土地承包经营权流转的障碍。农民转市民、宅基地换住房、承包经营权换社会保险等是解决农民就业、养老保险问题的有效措施。鼓励农民转市民进城镇居住，允许农民用原有的宅基地置换城镇住宅用地，并提供优惠购房价，鼓励和帮助农民向城镇搬迁。农民转市

民，享受政府就业扶持，享有市民同样的教育、就业、医疗、人寿保险等社会保障，享受与当地城镇居民同等基本公共服务，解除农民转市民的后顾之忧。农民转市民，提高农民在农村的用地(机会)成本，降低其在城镇居住成本。农村土地承包经营权有偿流转给他人，一是无后顾之忧，二是农民可依靠土地权益致富。这样可吸引更多的农民退出农村土地，增加土地流转的供给量，改变农村土地流转供给不足状况。

第四篇

农民土地权益保护研究

在农村土地市场上，农民是弱势群体。保护农民的权益成为众多研究者研究的焦点。大部分学者的研究是土地法律制度的缺陷、失地农民土地权益的保护、农村土地产权与农村土地流转市场、土地制度的改革与完善等问题。让农民的土地承包经营权益不受侵害是统筹城乡发展的基础，如何保护农民的土地承包经营权益是城乡统筹发展的又一新课题。本篇在现有的研究基础上研究这一新课题，探讨城乡统筹发展过程中农民土地权益的变化、农民土地权益保护的新问题，探讨农村自治权力与政府权力的关系问题，探讨集体土地所有权与国有土地所有权对等的问题等。

19

农村土地制度分析

我国的土地制度分为土地权利制度和土地管理制度，土地权利制度分为所有权制度和使用权制度。我国农村土地属于集体所有，农村土地使用权制度是土地承包经营权制度，土地管理制度是国家对使用土地的控制、管理、监督行为的制度。农村土地所有权归集体，使用权归私人，土地的管理及治理权归政府。农村集体土地中存在所有权人、承包经营权人、土地管理者（政府）等三个主体，这三者的权责利及相互关系是值得研究的问题。

（一）农村土地管理制度

国家实行土地用途管制制度、耕地总量动态平衡制度、耕地占补平衡制度、基本农田保护制度、农用地转用审批制度、土地开发整理复垦制度等，控制建设用地总量，对耕地实行特殊保护。

农村土地的管理者是政府，政府按以上制度管理农村土地的用途，并承担土地的增值保值责任。土地的气候条件和土壤肥力是土地利用的自然条件，决定土地的生产能力；土地的区位、交通、水利等是土地利用的社会条件，决定土地的利用效益。在土地上的投入决定土地的生产能力和土地效益的发挥程度。如果土地利用不当，土地生产能力会下降。土地的社会条件一般单个的土地利用者只能被动适应，不易改变。农户土地承包经营无力对土地追加投资，无力对土地进行整理和改造。农业生产条件的改善，其责任主要由政府承担——政府农业发展项目资金支撑农业土地整理、防治水土流失等农业基础设施建设，改变农村土地利用自然条件和社会条件，使土地保值增值。

农村村委会行使土地的所有权和管理权。农村村委会和村民小组，是农村基层行政组织，具体履行部分农村土地管理权，比如实施土地利用规划、管理土地流转等。农村集体，我们应该理解为农村集体经济组织——农业合作社。农业合作社是农村土地所有权的拥有者，但农业合作社与村民小组合二为一，农业合作社既无经济实力，又无实权。实质上村委会行使了农业合作社的一切权利。事实上由村委会作为集体概念的代表，对集体土地实际地经营、管理，村委会为真正的集体土地的主人。村委会双重身份——土地管理者和土地所有者，既行使土地的所有权（发包土地），又行使土地的管理权。村委会的行为没有监督机制，不会注意耕地的保护。

土地管理者需要协调好土地利用的外部性。从成本—效益看，如果个人从土地中的收益高于成本，他将继续对土地索取。如果索取超过了资源本身的供给，造成供求失衡，人和自然之间的物质变换不能正常进行，土地质量下降，直到土地荒芜。需要有一种制度保证土地资源的供给与土地使用者的索取保持平衡。这种制度是管束人们行为的一系列规则，即制度。规范人们行为的制度安排，是经济增长的核心，同时，又是经济衰退的根源。制度由国家规定的正式规则、社会认可的非正式规则和实施机制所构成。在土地利用过程中，经常存在个人利益和社会利益不一致的情况。个人往往会趋于采取低成本、高效率的方式。如果要经营者采用土地保护措施，就必须有一定的投入，同时又必须牺牲一些短期利益，为追求个人利益最大化，容易产生掠夺式经营。而政府一般采取较长的计划期和较低的贴现率，因为政府要着眼于社会整体的、长远的福利，使资源总体上达到最佳的配置。农户利用土地可能使外部不经济，政府管理使土地利用外部经济，要协调好土地利用关系，政府的管理不能缺位。

（二）农村土地所有权制度

产权制度安排的差异，可以使优等土地沦为劣等地，也可使劣等地变为优等地。经济学的“公地悲剧”理论源自加州大学生物学教授G·哈丁（Garrett Hardin）于1968年发表的《公地的悲剧》一文（Hardin，1968）。“公地”（Commons）制度曾经是英国的一种土地制度——封建主在自己的领地中划出一片尚未耕种的土地作为牧场，无偿提供给当地的牧民放牧。然而，由于是无偿放牧，每一个牧民都想尽可能增加自己的牛羊数量，随着牛羊数量无节制地增加，牧场终因过度放牧而成了不毛之地，此即为“公地悲剧”。从经济学角度分析，就是说在涉及公共资源使用时，由于产权的无排他性特征，使个人在决策时只考虑个人的边际收益大于等于个人的边际成本，而不考虑其行动给别人造成的损失和所带来的社会成本，最终造成一个给予他们无限制放牧权的经济系统的崩溃。哈丁进一步指出，就作为公共物品的自然资源本身来看，人类过度使用空气、水、海洋水产等看似免费的资源，必将付出无形而巨大的代价。哈丁认为，在这种体制下，每个人的想法就是拼命地利用草地，放的羊越多越好，争取在草地彻底破坏之前多捞一点。大家都这么想，这么做，公共草地怎能长好？因此，他最后的结论是：如果使用公共资源来为个人谋利益，“公地的悲剧”是无法避免的。我国目前的土地产权制度是公地制。农民名义上是集体财产的一个所有者，但他不清楚自己在集体财产中所占有的份额。

《中华人民共和国土地管理法》第十条规定“农民集体所有的土地依法属于村农民集体所有的，由集体经济组织或者村民委员会经营、管理；已经分别属于村内两个以上农村集体经济组织的农民集体所有的，由村内各该农村集体经济组织或者村民小组经营、管理；已经属于乡（镇）农民集体所有的，由乡（镇）农民集体经济组织经营、管理。”这里，“集体”含义兼含组织与自然人两个方面，是一个政治意义和社会学意义，将其作为所有权主体来表达只能具有抽象政策性宣示的意义，很难落实到某个特定的组织或自然人身上。“集体”含义不明确，使农民对土地的权属认识混乱，农民对耕地缺乏明显的归属感和“己有”的感觉。据本笔者的问卷调查，对“你认为农地的所有权属于谁？”的回答是：“属于国家的”占 73.91%，“属于镇（乡）”占 1.74%，“属于村民委员会的”占 2.61%，“属于农业合作社（或村民小组）的”占 0.87%，“属于私有的”占 15.65%，“不知道的”占 5.22%。这样的观念和心态必然使农民缺乏土地财产利益激励，从而没有热情关注耕地保护。

“集体”含义不明确使农民认为土地是国家的，不属于自己所有，对所使用土地没有真正的支配权，这也就很难让他们从内心里产生出对所承包土地的认同感，对耕地的保护缺乏热情。农村土地集体所有制，一群人共同占有物质生产资料的事实，决定了集体中的人都具两重性质，即任何个人都既是所有者，又不是所有者。他是所有者，是因为他是公众的一员；他不是所有者，是由于他仅是公众的一员。在这种公共产权上，每个人的权利是平等的，但由于存在着外部性，每个人行为的私人成本与社会成本不等，过度利用的行为就会出现。如果想把这种外部性内在化，在所有人之间进行的谈判成本和协议执行成本会很高。因此，公共产权制度伴随着大量未被内在化的外部性，大大影响了经济绩效。在我国农村，这种外部性主要表现为农民对农地的掠夺性经营。农户大量使用化肥和农药，土壤中农药含量越来越重，使土壤板结，土地的生产能力逐步减退。

（三）农村土地使用权制度

农村集体所有的土地按照家庭人口规模和劳动力等分配标准，以家庭承包的形式进行分割。集体成员拥有土地承包经营权，对土地排他性的使用和享有土地权利，同时承担相应的责任和义务。农村集体经济的每一个成员都拥有按份分割农地所有权的权利，将这份权利物权化、资产化、私有化，可以继承或转让、抵押、赠送等，可以进入流通领域自由流转。这样传统的土地集体所有权被架空，土地承包经营权是农民获得的土地准所有权，可以享有对权利客体周到、完备、有力的保护，从而更利于保护农民利益。这些效果当然会提高农民保护耕地、改善地力，提高经营效益的积极性，从而有利于对现有耕地的保护。制度上直接宣示让农民清晰地明确自己的地位，确认农户的土地财产权利主体身份，从根本上增强农民的主人翁意识和关注、改善、保护土地的积极性。这种制度还能够改变传统承包经营体制下经营分散、土地分割的状况，允许而且原则上以实现土地的规模化、集中化经营为目标和要求，同时也要求土地的自由流转，这些都能够极大促进土地上的农业生产效益的提高，也增加人们对耕地的关注程度。

集体所有的土地由农户分散经营，土地分割为非常细微的小块，“经营收益”低。农村土地承包经营权流转，有利于优化配置耕地资源，提高农业经营效益。城镇投资者在观望投资农用地，投资的前提是取得土地的使用权。农村土地流转，能给他们以安全稳定的土地财产权利，同时也可以解决农村建设和土地经营中存在的资金不足的困扰。

（四）结束语

农村土地承包经营权不流转，土地资源得不到优化配置，土地得不到保值和增值。同样，农村土地承包经营权流转不畅，也达不到土地保值增值的目的。农村土地第二轮承包、农村土地确权发证、农村土地承包期再延长 30 年等重要举措，进一步明确了农村土地承包权的产权性质，农村土地承包权可以自由流转。但事实上，农村土地承包经营权流转的过程中，农民处于弱势地位，农民的权益得不到保障。要畅通农村土地流转，就需要保护农民的土地权益。

20

农民的土地权益

农村土地承包经营权具有占有、使用、收益、流转、抵押、担保等权能，为农村土地物权化、资本化、市场化开启了闸门，明确了农民的土地权益。农民的土地权益是农民对其承包地所拥有的权力和收益，主要体现在占有、使用、收益和处置等四个方面。这种权益物权化、商品化、市场化，可以自由买卖。农民的土地是静态的（比如面积、区位不变），但土地上承载的信息（比如土地的质量、土地上的附着物等）和权益随着社会经济的发展而变化，农民的土地权益又赋予了新的内涵，农民的土地权益保障又面临新的问题，研究这些问题对于保护农民的土地权益具有重要的意义。

（一）农民对承包地的占有权

农村土地承包经营权期限，从 15 年到三十年，到第二轮土地承包到期之后再延长三十年，更加明确了农民土地承包经营权的产权性质。农村土地第二轮承包确权颁证，客观、真实地把农村土地承包经营关系、承包地块、面积、空间位置、用途、地类、权属证书等落实到户和登记在册。通过颁证，农民对农村土地承包经营权占有权能的取得方式或途径也得到了法律上的认可和保护。颁证，激发了农民对农村土地承包权益更加珍惜和爱护，使农村土地经营权更活、农村土地流转更畅，是农村土地资源优化配置的要求，是城乡统筹的要求。

(二)农村土地使用权的实现形式

城乡统筹惠农政策的实施和城市资本、技术下乡,要求放开农村土地使用权,实施农村土地使用权流转。农村土地使用权流转、农业合作经济组织等表现农村土地使用权的实现形式多种多样。

农户承包的土地没有流转,农户在其自己的承包地上进行生产经营活动,大部分农用地却是这种使用方式。

经营权与使用权分离。公司选定农业生产项目,圈定项目用地范围,向项目区内农户提供技术和一定的资本投入,与农户订立产品收购合同(不订立土地流转合同)。农户在其承包地上种什么、怎么种等部分权利让渡给了公司,农户仍在其承包地上劳动,是其承包地的实质使用者。

股份合作,企业经营。农民以承包地入股企业,由企业组织生产经营,农民以土地入股分红。

建立农业专业合作社,土地集体使用。重庆市大力推动这种土地使用方式,市政府、土地调查统计条例委、市国税局、市地税局、市财政局、市工商局、市农行等部门出台相应的政策支持农村专业合作社持续发展。万州区鸡公山蔬菜专业合作社、梁平区水稻专业合作社、江津区恒和柑橘专业合作社、永川双竹养鱼合作社、荣昌生姜合作社、涪陵文观大米专业合作社等农业专业合作社以土地为基础,加长加深农业产业链,实现了土地增效、农民增收。

出租。农民将土地承包经营权出租给其他农户或企业实施土地规模经营,入租者将土地改造、改变用途,因地制宜地调整农业产业结构,提高了土地利用的规模效益和产出能力。

随着农村土地制度的改革收入,还会出现新的农村土地使用权实现形式。

(三)农民对承包地的收益权

农民土地的收益权实现形式与土地使用权实现形式有关,农民土地的不同的权能组合产生不同的土地收益权实现形式。以上农民土地入股分红和土地出租收益是农民土地承包经营权的权益收益,是收益权的一种实现形式。"农业合作社""农户向公司定向生产"土地使用权实现形式中,农民通过参与土地的经营、使用等活动，从土地的收益中获得部分收益。农户土地不流转，自我实现其土地承包经营权的全部权益。农民的土地权益的发展—由原来交足国家的、留够集体的、剩下都是自己的—发展到全面免除农业税—再到继续加大对农业、农民的财政补贴，农民的土地权益不断补充。尤其是："坚持对种粮农民实行直接补贴，增加良种补贴，扩大马铃薯补贴范围，启动青稞良种补贴，实施花生良种补贴试点。进一步增加农机具购置补贴，扩大补贴种类，把牧业、林业和抗旱、节水机械设备纳入补贴范围。"在一定意义上说，农民已成为农村土地承包经营权收益的独享者。

（四）农民对承包土地的处置权

农民承包的土地由不准流转—允许流转—鼓励流转—农村土地承包经营权物权化，不断激活农村土地承包经营权处置权的实现形式。为了规范农村土地流转，2007 年重庆市人大出台了《重庆市实施〈中华人民共和国农村土地承包法〉办法》，市政府办公厅下发了《加强农村土地流转，发展规模经营发展的意见》，农业主管部门制定了农村土地流转格式合同，有的区县制定了规模经营财政补贴措施，各区县建立了乡（镇）、村级农村土地流转服务机构和农村土地流转市场。这些推进措施对于促进农村土地流转发挥了积极作用。

2018 年，农村土地承包法修改，使农村土地"三权分置"的制度得以法制化。三权分置明确规定农民在承包土地之后，享有土地的承包权和经营权两种权力。其中，对于土地经营权，承包方可以自由流转。同时，还规定土地的经营权可以进行抵押担保，进一步扩展的农民的土地权利功能。而且，新修改的土地承包法还明确规定不得以退出土地承包经营权作为农户进城落户的条件。承包户可以根据自愿有偿的原则在本集体经济组织内部流转土地承包权和经营权。

（五）土地承包期延长，农民土地权益增加

农村土地在第二轮土地承包期的基础上再延长，农民土地权益增加。然而，以前的农村土地流转是以承包期 30 年（承包期 30 年减去已使用的年数）为参照谈判议价，农民土地占有权益增加部分被损失，随之，农民的土地承包

收益权也被损失。农村土地流转合同期满后,有的农户不能将其承包地收回,因为农地流转后进行土地整理,废除了界址,改变了原用途,有的可能在土地流转合同期发生再次流转。农民在其承包地流转时很少考虑到期收回。如何解决农村土地承包期再次延长与农村土地使用权流转期不一致的问题,是一个值得探讨的问题。

(六)结束语

我国农村土地制度,主要是农村土地集体产权制度下的农户承包经营制。农户从集体那里获得土地承包经营权,不是一种简单的合同关系,而是获得了一种准所有权,这种权利可以流转。改革开放以来,农村土地经历了第一轮承包和第二轮承包,出现了有力无地种和有地无力种的现象,迫切要求农村土地使用权流转。农村土地流转是一个产生问题、发现问题、寻求方法解决问题的过程。

21

城乡统筹与农民土地权益

城乡统筹发展，政府增加对农业的投入，改变了农业生产条件，增加了农地的产出能力，农村发展进入快车道，这为填补工农剪刀差、缩小城乡差距、城乡共同奔小康等奠定了厚实基础。城乡统筹发展，农民的土地权益大幅度提升。农民提升的土地权力运用与权益分配，是农民土地权益保护的新课题。本章研究城乡统筹发展背景下农民土地权益的变化与农村土地承包经营权流转，为城乡土地制度改革、户籍制度改革建立农民土地权益保护机制提供参考。

（一）城乡统筹，保护农民的土地权益

城乡统筹发展要求：以工补农，以城带乡，城的资本和技术下乡，农村劳动力进城，城乡互补，共同发展。城乡统筹发展加大了城乡资源流动，也加大了农村土地流向城市。生产要素城乡自由流动要求政府主导型变为市场主导型、城乡二元经济结构变为城乡一体化经济发展。农村土地流向城市土地，农民的土地使用权流向城市人使用权，农民的土地权益应在市场中实现。农民拥有农村土地承包经营权是《中华人民共和国宪法》和《中华人民共和国土地管理法》赋予的权利，受法律保护，任何单位和个人不得侵犯。在法律保护下的农民土地承包经营权市场化流转是统筹城乡发展的长效机制，保障农民的土地承包经营权益，也就保障了城乡统筹可持续发展。

（二）城乡统筹，农民土地权益增加

城乡统筹发展，将补充和完善农村土地承包经营权的收益权，农民的土地收益权直接或间接地增加。农村土地上的权能集中体现在收益权上，城乡统筹发展，财政政策倾斜农业，惠农政策支持农业、补贴农业，缩短城乡差距，农民的土地权益提升了。城乡统筹发展，政府对农村加大投入：一是对农业生产直补，农民直接增加收益；二是加大农村基础设施建设修路、修塘、修渠、修提灌站等，农民间接增加收益。农村土地流转要考虑土地的这部分额外收益，要考虑农村土地的其他权能，使农村土地流转的转出者的收益权不受损失。在农村土地流转中，很容易忽视承包土地的额外收益，农民逐渐觉醒土地权益在增加，对土地的重视程度也在逐渐增加。例如，花椒种植大户租用农民的承包地规模种植花椒，租金 200 公斤谷子/亩·年，租用合同期为承包期 30 年减去已使用的年数。租金按租用期乘以流转价格（谷子按租用起始年市场价格折价）计算，再折现，一次性付给农户。农民拿到这笔钱，高兴。时过几年，花椒盛产，亩纯收益年 1 000 元以上。政府对该地的道路、水渠等基础投入建设，政府对农业的补贴，该地农业生产环境大大改善，等等，这些收益全被花椒老板拿走了，农民心理不平衡了。农民要求花椒老板增加租金。花椒老板无赖之下，增加了租金。花椒老板补给农民的租金中，含有城乡统筹所增加的农民土地收益权。

（三）城乡统筹，放宽农民对承包地的处置权

随着城乡统筹发展，将扩大农民对其承包地的处置权，将巩固农民的承包经营权，将搞活农村土地的使用权和经营权，将推动农村土地流转，实现土地的规模经营。农村土地流向企业，将改变过去企业找到政府、政府上级下指令给下级（直到村级）、村集体有权无地、农民有地无权（农民没有谈判权）的状况，真正实现农民自愿土地流转。城乡统筹，不是把农村土地“统筹”为城市土地，不是以非市场化的方式征占农民的承包地，不是把农民的承包地当作商品进行倒手买卖。城乡统筹，农村建设用地与城市建设用地将一同进入土地市场，农村的地，城市的地，同样的权，同样的利。城乡统筹，农村土地通过土地

市场被征、被占,农村集体、农村土地承包者有参与土地交易的权利。

(四)城乡统筹,农民土地使用权益在提升中损失

城乡统筹发展,农村生活、生产环境得到改善,农民土地使用权益间接增加。例如:地处浅丘地区某村 5 400 人,人平耕地近一亩,近两年来,政府投资基础设施建设:硬化人行道 8 公里、修建山平塘 11 口、修渠道 8 公里、维修四级提灌站等。农民无偿占有城乡统筹所带来的这些生活、生产设施,是农民土地使用权益的间接增加。城乡统筹不断补充和完善农村土地承包经营权的收益权,农民的土地收益权直接或间接地增加。在以前的农村土地流转中,流转出土地者,这部分权益就失去了。在现在和以后的农村土地流转中也很难考虑农民土地权益的动态变化。本项研究田野调查发现:土地流转出去的农户,就失去了这部分权益。

本项研究田野调查还发现,未流转土地的农户也有土地使用权益损失。农村土地没有被充分地利用,有间歇性撂荒。有的地方,光热资源丰富,农业生产条件好,土可种麦—玉—苕三季,田可种麦—稻两季。然而,我们调查的事实是:土一般种一季玉米,很少种春季作物,也很少种红苕;田只种一季水稻。并且耕作粗放,田高产可达 600 公斤/亩,然而实际只有 450 斤/亩。土地未被充分利用,光热资源未被充分利用,本项研究认为这也是农民土地使用权益损失。为什么土地生产力提高了,但土地资源未被充分利用,是值得进一步研究的问题。

(五)农村土地流转,农民土地收益权损失

土地有多种适宜性,相应地有多种土地利用方式,其中有一种土地利用方式效益最好。农户土地承包经营很不容易选择到最佳的土地利用方式。原因之一:最佳的土地利用方式是资源导向与市场导向最佳结合的方式,农户一般对资源的情况比较熟悉,但对市场一般把握不准,不容易根据市场的变化迅速地做出决策——选择土地利用方式。原因之二:农户的生产技术固化,根据市场调整土地利用方式,要求农户调整生产技术,但农户的生产技术很难转向。农户将土地使用权流转给土地经营实力强的土地使用者(如农业大户、企业、

专业合作社等)，就能充分利用土地的适应性选择到最佳的土地利用方式，土地流转就能实现双赢。土地流转后提高了土地的生产力，土地流转双方共同占有土地的增值部分。但土地流转价格主要参照土地流转前的产出能力，土地流出方未能获得土地流转的增值收益。在以上农民与花椒老板的案例中，花椒老板租用的土地产出能力大增来源于三个方面：一是城乡统筹惠农政策，二是生产经营的规模效益，三是利用土地的最适应性选择最佳的生产方式。土地的这三个方面增值由花椒老板独占，所以土地流出者有意见。

(六)结束语

城乡统筹发展，农民的土地权益增加与农民土地权益损失同时并存。一方面惠农政策农民土地权益增加；另一方面，农村土地流转与农村土地未充分利用使农民增加的土地权益有损失。农村土地流转农民土地权益损失表现在权益分配上；农村土地未充分利用农民土地权益损失表现在农民的能力上。如何合理分配城乡统筹所增加的农村土地权益？如何提升农民利用土地的能力？这些都是农民土地权益保护问题。

22

农民土地权益保护问题

在城乡统筹中,农民土地权益有损失,这不是城乡统筹的问题,而是农民土地权益保护问题。农民土地权益保障的问题是城乡统筹综合配套改革的问题,是制度组合问题。找准问题、解决问题,对于城乡统筹可持续发展具有重要意义。

(一)户籍制度改革问题

户籍制度改革是统筹城乡发展的突破口,实施户籍制度改革,打开城乡劳动力要素资源互动的阀门,更有效地实现资源的优化配置,推进城镇化进程。而户籍制度改革涉及农民土地权益问题,也间接影响农民土地权益保护问题。城乡统筹的进一步发展,农民的土地权益是动态变化的,户籍制度改革与土地流转一样,未考虑土地权益的动态因素。农民放弃土地权益是农民为获得城市生活权益而付出的机会成本,如果"农民转市民"农民获得收益大于机会成本,农民的土地权益未损失,反之,农民的土地权益受损失。不同的农民、不同的地方"农民转市民"机会成本不一样。城郊区、经济发达区的农民"农民转市民"机会成本高,边远山区、贫困地区的农民"农民转市民"机会成本低。随着土地制度的深入改革,农民土地权益保护问题及其相关问题将逐步凸显。比如,农村户口转为城市户口让出农村土地承包经营权,得到一定的补偿,就有以下问题:

第一，有承包地，没有户口，因婚姻或其他原因（农转农），可否享受原户籍的补偿？

第二，有户口而没有承包地怎样享受补偿？

第三，园地、林地、菜地怎样赔偿？

第四，土地补偿按测绘面积还是按承包面积？

第五，养老保险怎么交、怎么享受？

第六，原所交的养老保险费能否在“农民转市民”后抵扣？

第七，补偿款不能马上到位，转户者无法垫付养老保险费怎么办？

第八，转户农民选择异地居住，其“安置房”等问题怎样解决？

第九，农村五保户无土地、无住房怎样解决？

以上问题直接或间接影响农民土地权益保护问题，以上问题不明确，农民土地权益难以保障。

（二）社保制度问题

当前，我国失业保险、医疗保险、养老保险及文化、卫生、最低生活保障制度仍然是以城乡二元经济结构体制而设立的，农村土地对农民具有社会保障功能。农村与城市人口享受的社会保障待遇严重失衡，城乡统筹发展将逐步取消这种失衡，农村土地的保障功能将降低。城乡统筹，农村土地功能发生变化，农民土地权益保障问题也将发生变化。农民社保向市民社保靠近是城乡统筹发展应该给予农民的。如果农民以土地换市民社保是农民的土地权益损失。本项研究实地调查发现：家庭经济收入较低的农户一般是非农收入较低的农户，对土地的依赖性较强，土地的保障功能就强，“农民转市民”所获得的保障效用就高；反之，家庭经济收入较高的农户“农民转市民”所获得的保障效用就低。本项研究田野调查还发现，符合“农民转市民”条件的农户不愿“农民转市民”，想“农民转市民”的而不够条件。

（三）培训制度问题

农村土地流转、农村产业结构调整、失地农民等都需要新技术培训。特别失地农民仅靠手中的征地补偿费是难以保证其生活水平不降低，还必须寻找工作维持家庭生活的延续。但由于农民受教育的程度和专业技能水平不适应市场经济发展的要求,政府必须建立农民再就业培训制度。目前,农民的再就业培训制度并未真正建立,有的地方虽然举办过对农民的职业技能培训,但是都只是暂时的,而且在培训过程中的针对性不强。在实地调查中发现,有些地方对农民进行培训的内容是计算机操作技能的培训,而绝大部分农民由于文化水平低,有的甚至连字都认不全,他们难以接收和消化这种"高科技"。

(四)权力监督与运行机制问题

中央政府权力、地方政府权力、村级民主自治权力,从上到下直线运行。中央权力通过地方政府到达农民的过程中,地方政府权力通过村自治权到达农民的过程中,权力运行没有监督,对有关农民土地权益保障政策的执行就会走样。

农村土地流转有明文规定不准改变土地的农业用途,但现实中有很大一部分农村土地流转后改变了用途,土地管理者不监督、不查处,更加助长了这种行为的发生。在问卷调查中:对于土地流转后是否改变用途的回答——回答改变了的占42%,回答没有改变的占20%,回答不知道的占38%。由此看出,农民也不关心土地流转后的用途。土地用途管制谁来管?

(五)农民对承包地的处置权虚拟化问题

农村土地流转过程中,农民对承包地的处置权能很难发挥,主要表现在两方面:一是农村土地流向企业,农民没有谈判权。一般是企业找到政府,政府上级下指令给下级,直到村级,村集体有权无地,农民有地无权。村领导名誉上代表农民与企业谈判,农民形式上的与企业签订土地流转合同。在本项研究问卷调查中:对于农村土地流转原因的回答——种田亏本的占11%、外出打工的占22%、村里要求的占29%、劳动力不够的占3%、随大流的占35%;对企业取得农村土地的方式的回答——回答通过当地政府的占19%、通过村的占44%、通过农民的占39%;对于土地入股公司分红的回答——回答很好的占29%,一般的占33%、不好的占21%,不了解的占17%;对于土地流转价格合理性的回答——回答很合理的占0%,较合理的占42%,不合理的占

58%。由此看来，这种土地流转在很大程度上农民没有行驶对承包地的处置权。二是农民土地流转找不到市场。在本项研究问卷调查中：对于当地有没有土地市场的回答——回答有的占 5%、没有的占 34%、不知道的占 46%；对于土地纠纷解决的途径回答——自己协商的占 24%、中介调解的占 5%、乡村调解的占 36%、仲裁机构仲裁的占 7%、向法院起诉的占 9%。由此看来，农村土地流转市场不是实质的市场。

（六）信息不畅通问题

上级的政策通过下级传达执行，执行效果怎样，没有信息反馈机制，下级是否超越上级规定的权力范围，没有监控机制。政府权力通过村自治权到达农民的过程中，村级进行信息过滤，有选择性地传达，信息不公开、不透明，从中捞取好处。农民说国家的政策、制度很好，但到达自己手时感觉没有那么好，农民产生对政府的怀疑和误会。比如，征地补偿标准、惠农政策的有关规定，村委会不向农民透明、公开，只是有选择性地传达给农民。这样很容易暗箱操作侵害农民的土地权益。问卷调查发现：82%的被征地农民听说过被征地的用途，但没有看到政府公布的正式文件；15%的被征地农民知道被征地的用途；3%的人表示无所谓；98%的被征农民不知道征地补偿标准及征地补偿的科学计算与操作流程。农民的土地权益保护问题，是上级不知道下级到底有什么问题，是政府权力到达不了农民的问题。

农村土地流转的信息不对称是导致农民土地承包权益受损的重要原因，对于农地流转给企业的调查中：85%的被调查者表示看不懂农业企业或农业合作社每年的生产经营运转情况财务报表，不清楚是怎么回事；90%的被调查者表示农业企业或农业合作社公布的数据不可靠，尤其是对其资金的用途或承担的债务更加表示严重怀疑；3%的被调查者选择漠不关心。农民的受教育程度较低，对有关土地的法律、法规及相关政策不了解，不清楚土地增值收益归谁所有，这样导致农民缺乏维权保障。

（七）结束语

农民土地权益问题有老问题，也有城乡统筹发展所带来的新问题。国家有一系列的法律、法规、政策、文件保护农村土地与农民的土地权益，地方也制定了一系列的实施办法、规定、措施等保护农村土地与农民土地权益。但是，农民土地权益仍然有损失。这不是土地制度本身的问题，是制度的组合问题、权力监督与运行机制问题、信息畅通问题和农民自身等问题。要弄清这些问题，还需进一步研究这些问题存在的原因。

23

农民土地权益保障问题的原因分析

我国农村土地的所有权属于农村集体所有，农民从本集体内获得土地承包经营权，这种土地承包经营权具有排他性，有产权属性。但这种产权属性不明确。农村土地集体所有制“既不是一种共有的、合作的私人产权，也不是一种纯粹的国家所有权，它是由国家控制、由集体承受其控制结果的一种农村产权制度安排”，国家、集体、农户形成土地产权公共域。农村集体将土地承包给农户后，分离了土地的所有权与使用权，集体手中有权无地，农民手中有地无权；农村集体所有权成为“空架子”，农民土地承包经营权成为土地权益的实质拥有者。在农村土地使用权与所有权的行使过程中，土地所有者与土地使用者都可能强占对方的权益或放弃自己的权益。土地所有者与土地使用者的权力缺位或越位就出现了以上问题，这些问题可能是出于以下原因。

（一）土地流转、土地的保障功能被取代

现阶段，农村社会保障制度处于发展阶段，资金严重不足是农村社会保障制度的突出问题。虽然国家加大了投入的力度，但是远远不能满足农村对社会保障资金的需求。这样，农村土地成为农民的社会保障。如果农民有稳定的非农就业收入，那么农民就会弱化承包地的社保功能，农民就愿意将承包地流转出去。如果农民没有稳定的非农就业收入，那么农民就会强化承包地的社保功能，农民就不愿将承包地流转出去。农民的承包地被征、被占，其承包

地的保障功能就被新的保障功能完全取代。如果没有新的保障功能完全替换承包地的保障功能，农民的土地权益就受损。要加大农村土地流转，推进农村土地规模经营，就需要提供非农就业保障去替换承包地的保障。农民转市民要有新的生活保障和就业保障。城乡统筹发展，户籍制度、培训制度、社保制度等制度组合未配套支撑农民转市民的生活保障和就业保障。所以，出现以上农民土地权益保障问题。

（二）没有土地价格机制

商品的价格以其价值为依据，根据市场供求关系价格围绕着价值上下波动。农村土地承包经营权物权化、商品化也应该有市场价格。从上面问题分析得知，现在没有土地市场机制或土地市场机制不健全，自然也就没有土地价格机制，农村土地流转价格没有参照系。农民不知道土地价格机理，也找不到市场比对。在进行问卷调查时发现绝大部分农民不知道自己拥有土地增值收益，只是知道土地作价入股、出租、征地补偿额太低，自己所承包的土地更值钱，这样就造成巨大的心理落差而产生不满和抵抗，但自己却不知真正缘由，这也就是有些人想找政府说理，但自己却不知道怎么讲才觉得不理亏。

土地的价格应包含机会成本（即用途）。农用地转变为非农业用地之后，其土地价值猛涨，被征地农民应分享土地的增值。但由于土地价格没有市场参照系，征地价格参照土地被征前的产出能力计算。并且，随意性大。大多数执行者以个人经验来判断被征土地（征前）的产出能力，并没有一套科学方法。这样就导致估算个人主观性，随意性，推脱失地农民正常补偿要求。

（三）政绩观导向短期行为

在政绩考核体系中，追求经济增长，忽视与经济增长相关的其他要素。这样就导致有些地方官员为了显政绩、图升迁，积极干预经济活动，铤而走险违规征地，损害农民的土地权益。在农用地转为建设用地多倍价值增长的利益驱动下，低价征地，高价卖地，实施“土地财政”，地方政府成为经济利益体。通过征地地推动地方经济发展，不会顾及农民的土地权益和农村可持续发展，导致农民土地权益受损和耕地流失。农民的土地承包经营权的产权属性不确定性，农民在土地征收或征用中土地权益得不到有效保护。

农村集体土地所有者是村民委员会，村民委员会应保护好耕地，应保护好农民的土地权益。但是，村民委员会的政绩观也是经济增长，政绩考核未把耕地保护纳入考核内容，对上级的有关政策有选择性贯彻，对保护耕地没有积极性。农村土地的所有者（集体）行使其所有权越位，管得过死，使农民的土地权益得不到体现，侵害了农民的土地权益。农村土地的所有者（集体）行使其所有权缺位，撒手不管，农用地用途改变，耕地损坏，耕地流失，没有有效监督。农村土地所有者的权力缺位与越位同时存在，从而出现农民土地权益保护问题。

（四）农民不知道自己有什么权益

农民不知道自己在其承包土地上有什么权益，现在还有的农民认为他的承包地是属于国家的。惠农政策、农业生产补贴标准、农村土地流转的有关规定、土地征用的有关规定和补偿标准等，农民不知道。在调查有关承包地的土地增值收益归属问题时，81.6％的人表示根本就不知道有土地增值收益，还有8.4％的人不清楚土地增值收益归谁所有。农民在土地流转和土地征用中觉得吃了亏，但又提不出有价值的建议。

农民文化水平低，法律意识淡薄，维权自觉性缺失。问卷调查显示：被调查农民的文化结构——小学以下8.6％，小学48.3％，初中30.4％，高中或中专及以12.7％；被调查农民的有关土地制度知识——仅了解一点点的占58.3％，不知道国家相关文件的占8.3％，不了解地方上的文件和完全不知道的各占16.7％；对于在土地流转、土地征用中的矛盾解决办法被调查者表示——心里埋怨但无所作为的占48.4％，上访的占35.2％，打官司的占5.3％，找政府说理（但不知道怎样讲才有道理）的占8.7％，采取其他抵抗方式的占2.4％。农民在信息获取和利用方面处于弱势地位，对于农村土地承包经营权，农民既不知道自己有什么权益，也不知道有什么武器可捍卫自己的权益。

（五）结束语

农村土地的权力界限不明确：政府对农村土地没有所有权，但是政府有农村土地的实质控制权;农村集体拥有农村土地的所有权,但所有者不具体;农户对集体土地的承包经营权具有产权性质,但产权不明确。在履行农村土地权力过程中,制度组合、政绩导向、土地市场、农民素质是影响农民土地权益保证的主要问题。

24

维护农民土地权益的对策

实施惠农政策、统筹城乡发展，农民的土地权益得到提升，农村土地流转、农民市民化的机会成本增加，农民土地权益保护又有了新问题。解决农民土地权益保护问题，在推进城镇化进程中需采取以下对策。

（一）建立农业保险制度

建立农业保险政策性业务、商业化运行模式，加大对农业保险的政策扶持。一方面，对经营农业保险的保险公司进行费用补贴、税收减免和亏损弥补，鼓励其经营农业保险，增加农业保险供给；另一方面，对投保农业保险的农民给予保费补贴，增加其对农业保险的需求和意识。构建政策性农业保险的组织制度，设立政策性农业保险公司，或者鼓励商业性保险公司、合作社代办政策性农业保险业务，支持多家商业性保险公司“共保经营”农业保险。扩大以种养业为主的农业保险范围，建立政策性农业保险产品目录，对列入该目录的参保对象给予保费补贴。保险公司承保面要求达到符合参保对象的 50%以上。同时，建立政策性农业再保险公司，也可允许其他保险公司经营农业再保险业务，超额赔付部分由政府负担，减少原保险经营者的风险。

(二)对流转土地进城的农民就业及创业扶持

大力发展城镇第二、三产业,促进工业企业向城镇工业集中,提供更多的就业岗位,落实最低工资制度,增加农民进城后的收入预期。实施就业扶持政策,对于自愿让出宅基地和土地承包权的农民,鼓励农民进城务工经商,3 年内免收个体工商户管理费、市场管理费和税务登记费等。对从事个体经营者可提供小额贷款,并逐步建立小额贷款贴息政策。对在农村主要从事商业零售和修理服务等经营活动的流动商贩,以及在集贸市场或政府指定区域销售自产自销农副产品的,免予工商登记或收取各项工商行政管理费。

(三)增加农民就业机会

大力发展农村中小企业,提高农村非农化水平,增加非农就业机会,开发劳动密集型项目和产品,广开就业门路,广辟就业渠道,发挥农村中小企业在这类地区吸纳劳动力的主导作用。提高农村城市化水平,为农业劳动力转移提供充分的空间和载体。城市规模过大,就会产生诸如住宅紧张、用地紧张、交通拥挤、环境污染等一系列问题,应将农村小城镇建设作为欠发达地区农业劳动力转移的主要途径。通过农业产业化开发,形成农业劳动力就业的吸纳机制。农业产业化通过延长农业产业链条,将原来相互脱节的各个环节联结为有机结合的产业链,发挥了种养加、产供销、内外贸、农科教的综合协作效益,通过农业产业链条各个部分的延伸,拓展了农业劳动力转移的渠道,为农业劳动力的转移提供了广阔的空间。

(四)建立公共权力运行公开、透明机制与权力监督机制

建立公共权力运行信息畅通机制,切实落实农民的知情权,充分发挥群众监督作用,真正树立起民众对政府的“公信力”和对政府的“依赖感”。建立公共权力运行信息反馈机制,使上级政府能够真实知道政策措施的执行情况和落实效果,建立畅通的农民利益表达机制和维护机制。强化村委会的自治功

能，弱化其行政组织功能。探索建立由农民群众自愿参加的具有法人地位的农协一类组织，使其应成为政府与农民沟通的中介组织。这个组织是农民利益的代理、公共权力的监理。这个组织监督有关土地制度、规定、文件等的公开、透明，监督村委会公开、公平、透明地执行有关政策文件、规定等。通过这个组织，农民的愿望和合法要求得以表达，缓冲和调解一些突发事件。这种维护自身权益的组织更容易受到农民的信赖，权益受侵害的农民能更敢于通过法律手段维护自己的权益，这样更有利于社会的团结和稳定。

(五)加强农村社会保障，弱化农村土地的保障功能

土地使用权流转的市场化，要求土地资产在进入土地使用权中都应遵循生产要素竞争性的市场法则，通过优胜劣汰的竞争机制，促使土地使用权在不同主体之间自由流动，实行优化配置。而现阶段土地成为承担农民的社会保障功能的一种福利手段，农民对土地的权力也就变为集体一员所享有的社会保障权的实现形式。这与土地流转机制的要求不一致(建立土地使用权流转机制，要求把土地作为单纯生产要素和经济要素，以效率为标准优化配置土地资源)。究其原因，除基本的客观因素外，关键还在于城乡二元户籍制度不平等所导致的农民在就业、教育、医疗住房等方面受歧视，不能享受与城镇居民同等的待遇，从而造成农村集体和农户不得不视土地为生存之本。这样土地就负担起各项社会保障功能。要剥离土地使用权的社会保障功能，就要打破以“身份”为限制的社会保障制度。构建城乡一体化发展的社会保障制度及完善其风险管理体系、监督机制等，就能弱化农村土地的保障功能。建立城乡统筹的社会保障体系，使农户在社会保险、福利制度等方面与城镇居民同等的待遇，解决农民转出土地后的后顾之忧，就能使农村土地流转机制真正取得成效。

(六)有关配套制度

明细土地产权。细分农地产权，进一步明确农地所有者、农地承包经营者、农地使用者的权利。允许农地集体所有权以外的全部权利或部分权利进入市场自由交易，增加农地流转的“品种”(即农地权利的种类)，繁荣农地流转市场。明确土地征用或征收制度的“公共利益”范围，并进行公示，切实落实农

民的知情权，充分发挥群众的监督作用。

完善政绩考核方法与制度。将耕地保护、城乡居民人均纯收入实际增长率纳入政绩考核范畴，把公共权力运用是否公开、透明纳入政绩考核范畴。

鼓励农民转市民。鼓励农民转市民进城镇居住，打破城乡二元体制下的城乡不平等、不协调发展的状况。农民转市民，享受政府就业扶持，享有市民同样的医疗、人寿保险等社会保障，解除农民转市民的后顾之忧。农民转市民，提高农民在农村的用地（机会）成本，降低其在城镇的居住成本，吸引更多的农民退出农地，增加农地流转的供给量。

建立农民再就业培训机制。完善城乡劳动力市场，建立健全农民再就业培训机制，推进农村土地承包经营权流转和土地规模经营。建立培训项目管理制度，根据市场对劳动力技能的需求、学员的爱好、文化基础等，进行归类、收集、储备培训项目，培养农村现代化的特色人才。

完善城乡统筹的建设用地市场。农民的宅基地、农村公共设施用地、乡镇企业用地等农村建设用地与城市建设用地进入同一市场进行交易，农村集体、农村土地承包者拥有参与土地交易谈判的权利——农民的权、农民的地，农民土地要获利。

规范农村土地流转市场。农村土地流转市场承担农村土地流转、托管、仲裁、登记、中介等职能，放宽农村土地流转经营主体的范围，附着在土地上的各种权能都可进入土地市场流转。通过规范农村土地流转市场保障农民的土地权益、确保土地利用规划的实施。

建立农村土地评价体系。制定出各等级、各用途的土地的流转参考价格，建立规范的基准地价确定和公布制度以及协议出让土地最低价制度。

（七）结束语

统筹城乡发展是围绕以构建和谐社会、全民奔小康、共同富裕等为主题实现伟大创新，是中国社会主义性质的集中体现。农民土地权益的保护是统筹城乡发展的基础，要解决农民土地权益保护问题，就需要城乡统筹综合配套改革，就需要淡化集体土地所有权与国有土地所有权的界限，就需要统一农村土地市场和城市土地市场，就需要强化土地利用规划管制土地的用途，就需要赋予农民更多的权利（如处置权、抵押权、转让权等），让农民参与土地增值收益共享（获得更多的土地收益）。

参考文献

[1] BRANDT L,HUANG J,LI G,ROZELLE S.Land rights in rural China:Facts,Fictions and Issues.The China Journal,2002(47):67-97.

[2] CHAVAS J.Structural change in agricultural production:Economics, technology and policy.In:Handbook of Agricultural Economics.GARDNER B L,RAUSSER G C (ed.),2001,edition 1,volume 1,chapter 5, pp.263-285.

[3] DEININGER K,ALI D A,ALEMU T.Impacts of land certification on tenure security, investment, and land market participation: Evidence from Ethiopia.Land Economics,2011,87(2):312-334.

[4] FRISCHTAK C R.Regulatory policies and reform:a comparative perspective.Washington,DC:World Bank Press,1995:23-35.

[5] GODDARD E,WEERSINK A,CHEN K,TURVEY C G.Economics of Structural Change in Agriculture.Canadian Journal of Agricultural Economics,1993(41):475-489.

[6] GOLLIN D,LAGAKOS D,WAUGH M E.The Agricultural Productivity Gap.The Quarterly Journal of Economics,2013,129(2):939-993.

[7] GORTON M.Agricultural land reform in Moldova.Land Use Policy, 2001(18):269-279.

[8] HARDIN G.Tragedy of the commons.Science,1968,1662:1243-1248.

[9] KEY N.Farm size and productivity growth in the United States Corn Belt.Food Policy,2018(84):186-195.

[10] KRUSEKOPF C.Diversity in Land Tenure Arrangements under the

Household Responsibility System in China. China Economic Review, 2002,13(2):297-312.

[11] KUNG J K. Off-farm labor markets and the emergence of land rental market in rural China. Journal of Comparative Economics, 2002, 30(2): 395-414.

[12] LEWIS W A. Economic Development with Unlimited Supplies of Labour. The Manchester School, 1954, 22(2): 139-191.

[13] LIPTON M. Land reform in developing countries: Property rights and property wrongs. New York: Roultedge, 2009: 1-10.

[14] MACMILLAN D C. An economic case for land reform. Land Use Policy, 2000(117): 49-57.

[15] NRC. Publicly funded agricultural research and the changing structure of U.S. Agriculture. Washington D.C.: The National Academies Press, 2002: 1-13.

[16] PROSTERMAN R. Enhancing poor rural women's land rights in the developing world. Journal of International Affairs, 2013, 67(1): 147-164.

[17] SUMNER D. American Farms Keep Growing: Size, Productivity, and Policy. Journal of Economic Perspectives, 2014, 28(1): 147-166.

[18] TIMMER C P. A World without Agriculture: The Structural Transformation in Historical Perspective. Washington D.C.: AEI Press, 2009: 63-65.

[19] 陈明星,陆大道,张华.中国城市化水平的综合测度及其动力因子分析[J].地理学报,2009(4):387-398.

[20] 陈先刚,张一平,潘昌平,陈本文,蔡丽莎.重庆市退耕还林工程林固碳潜力估算[J].中南林业科技大学学报,2009(4):7-15.

[21] 陈永富.对退耕还林经济政策的比较利益分析[J].浙江林业科技,2002(6):69-71.

[22] 胡霞.退耕还林还草政策实施后农村经济结构的变化——对宁夏南部山区的实证分析[J].中国农村经济,2005(5):63-70.

[23] 胡玉山,邓华锋,郑小贤.河北省沽源县退耕还林工程实施情况调查[J].林业资源管理,2006(4):37-40.

[24] 蒋海.中国退耕还林的微观投资激励与政策的持续性[J].中国农村经济,

2003(8):30-36.

[25] 孔凡斌.集体林权制度改革绩效评价理论与实证研究——基于江西省2484户林农收入增长的视角[J].林业科学,2008(10):132-141.

[26] 李梅,钟甫宁,王广金.退耕还林与贫困地区粮食安全的实证分析——以宁夏回族自治区为例[J].中国人口·资源与环境,2005(1):104-108.

[27] 李强,陈宇琳,刘精明.中国城镇化"推进模式"研究[J].中国社会科学,2012(7):82-100,204-205.

[28] 李欣欣,石祖梁,王久臣,邢可霞.我国西南高原山区农村生活能源消费时空分布特征[J].农业工程,2019(12):49-54.

[29] 刘明皓,戴志中,邱道持,刘建民,郝威.山区农村居民点分布的影响因素分析与布局优化——以彭水县保家镇为例[J].经济地理,2011(3):476-482.

[30] 刘万平.重庆林业生态建设纪实[J].中国林业,2005(11):19-20.

[31] 刘占朝.河南省淅川县退耕还林实践与思考[J].水土保持通报,2004(4):107-110.

[32] 刘志华.我国退耕还林政策问题研究综述[J].山西林业,2007(2):5-7.

[33] 吕晖.农地流转制度国际比较研究[J].世界农业,2017(9):82-88.

[34] 马玉飞.我国农村土地流转法制建设的欧美经验借鉴[J].农业经济,2016(8):109-110.

[35] 潘家华,魏后凯.中国城市发展报告[M].北京:社会科学出版社,2010:31-79.

[36] 冉昊,周思彤.影响农村生物质能源发展的主要问题解析[J].环境与发展,2019(6):237-238.

[37] 史清华,陈爱兰.陕西省退耕还林(草)现状、问题及对策[J].陕西林业科技,2002(4):34-36.

[38] 孙中才.农业经济数理分析[M].北京:中国农业出版社,2006:71-82.

[39] 谭宏,刘定祥.重庆市退耕还林后续发展的问题和对策研究——以重庆地区为例[J].农业经济,2008(9):41-45.

[40] 万海远,李超.农户退耕还林政策的参与决策研究[J].统计研究,2013(10):83-91.

[41] 王斌.巩固退耕还林成果 促进固原农村经济快速发展[J].宁夏林业通讯,2006(1):39.

[42] 王克强.土地对农民基本生活保障效用的实证研究——以江苏省为例

[J].四川大学学报(哲学社会学科版),2005(3):5-11.

[43] 王欧,宋洪远.建立农业生态补偿机制的探讨[J].农业经济问题,2005(6):22-28,79.

[44] 王志峰,张维凡,朱中华.中国城镇化70年:基于地方政府治理视角的回顾和展望[J].经济问题,2019(7):1-8.

[45] 王治海.退耕还林政策变迁探析[J].生态经济,2006(3):38-41.

[46] 温世扬."林权"的物权法解读[J].江西社会科学,2008(4):171-176.

[47] 吴培材.新农合对农村劳动力就业选择的影响——基于CHNS数据的实证分析[J].西南财经学院学报,2019(1):76-83.

[48] 杨维鸽,陈海,高海东,王涛.农户对退耕政策的认知及其影响因素研究——以米脂县杨家沟镇为例[J].水土保持通报,2010(1):214-218+226.

[49] 中国社会科学院经济研究所.宏观经济蓝皮书:中国经济增长报告(2012—2013)[M].北京:社会科学文献出版社,2013:10-15.

[50] 钟秀明,武雪萍.城市化动力[M].北京:中国经济出版社,2006:21-44.

[51] 周建华.吉林省退耕还林的途径与政策研究[J].吉林农业科技学院学报,2005(4):16-18,21.

[52] 周克勤.积极探索 加强管理 重庆市认真实施退耕还林工程[J].重庆行政,2002(1):53-55.

[53] 周庆行,程波,余冬晖.重庆市退耕还林与比较优势的发挥[J].重庆交通学院学报(社会科学版),2004(3):45-48.